성공적인 프로젝트 지금 시작하라

일러두기_ 본서는 부산 하늘샘교회(정은석 담임)에서 2003년부터 2018년까지 진행된 주요 8가지 전도 축제의 행사 기획안과 매뉴얼 및 문서양식 등을 바탕으로 집필되었습니다. 본서의 문서양식과 자료들은 QR코드를 스마트폰으로 스캔하시면 다운로드할 수 있습니다. 문서양식에 필요한 서체는 오른쪽 QR코드를 스캔하시면 됩니다.

전도목회자 정은석 목사와 하늘샘교회의 8가지 전도 축제 노하우와 매뉴얼
성공적인 프로젝트 지금 시작하라

초판 1쇄 인쇄 2023년 1월 30일
초판 1쇄 발행 2023년 2월 10일

지은이 정은석

펴낸이 조현철
펴낸곳 카리스
출판등록 2010년 10월 29일 제406-2010-000097호
주소 경기도 파주시 청석로 300, 924-401
전화 031-943-9754
팩스 031-945-9754
전자우편 karisbook@naver.com
총판 비전북 (031-907-3927)

값 20,000원

ⓒ 정은석, 2023

ISBN 979-11-86694-13-8 03230

· 이 책의 판권은 카리스에 있습니다.
· 잘못된 책은 바꿔드립니다.
· 이 책의 전부 또는 일부 내용을 재사용하려면 사전에
저작권자와 카리스의 동의를 받아야 합니다.

전도목회자 정은석 목사와 하늘샘교회의 8가지 전도 축제 노하우와 매뉴얼

성공적인 프로젝트 지금 시작하라

| 정은석 지음 |

카리스

서문
전도 축제, 어떻게 할 것인가?

코로나19 이후 한국교회는 전례 없는 혼돈의 시대를 겪으며 '온라인예배'라는 초유의 상황을 맞이하였습니다. 3년간 지속된 코로나는 우리 사회의 모든 구조를 강제로 변경시켰으며, 교회도 직격탄을 맞는 고난의 깊은 터널을 지나야 했습니다. 끝없는 확장과 성장을 갈구해 온 교회는 이제 정체와 고립이라는 여리고성과 정면으로 맞서게 되었습니다.

그럼에도 불구하고 교회는 어떠한 조건과 환경 속에서도 성장해야만 하는 사명을 갖고 있습니다. 그것은 지상교회를 세운 예수 그리스도께서 우리에게 특별하게 부여한 지상 과제와도 연결되어 있으며, 그 명령은 어떤 상황과 환경에 따라 임의로 변경할 수 없는 진리였습니다. 우리는 이러한 예수님의 지상명령을 '전도'라고 부르고 있습니다.

예수께서 교회를 통하여 전도를 명령하신 것은 교회의 머리 되시는 예수께서 모든 것이 지배되는 세상 가운데 교회만큼은 자신의 영역으로서 가장 안전하고 영원한 하나님의 영토임을 선포하며, 이곳을 통하여 모든 사람은 영적 방주에 승선하였다는 증거가 되기 때문입니다.

우리나라에 복음이 전파된 이후 우리의 선배들은 유교적 전통 위에서 담대하게 복음을 전파하였고, 일제 치하의 총칼을 결코 두려워하지 않았으며, 한국전쟁 속에서도 복음은 중단되지 않았습니다. 오히려 위기를 기회로 여기고 더 많은 희생을 자랑스럽게 여기며 가시 면류관을 자원하였습니다.

이로써 단 한 명의 신자도 없었던 우리나라는 오늘날 1,200만 명의 기독교로 성장하게 된 것입니다. 이렇게 한국 기독교 100여 년의 역사는 중단없는 전도와 성장으로 이어져 왔습니다. 지금 우리가 겪고 있는 코로나19도 교회의 전도와 성장에 어떠한 장애물이 될 수 없음은 지난 100년의 한국 교회사를 통해 증명하고 있습니다.

한국교회는 코로나19를 계기로 제2의 정체기를 맞이하고 있습니다. 성장은 둔화되었고 문을 닫는 교회가 늘어나고 있으며, 교단 교세도 수년간 감소세로 향하고 있습니다. 이러한 위기 국면에 교회마다 기획하고 준비하는 다양한 '전도 축제'는 더없이 중요한 과제가 되었습니다. 교회는 전도를 '축제'라고 부르고 있습니다. 그만큼 전도 축제는 교회의 모든 구성원이 함께 자원하여 일체감 있게 참여하는 행복한 동행이라는 점을 강조하고 있습니다.

성경적 전도와 전도 축제

오늘날 교회마다 기획하고 진행하는 모든 전도 축제는 누가복음 14장 15~24절에 나타난 천국 잔치와 연결되어 있음을 알 수 있습니다. 이 말씀에는 가장 중요한 전도에 대한 정의와 원칙과 구체적인 실행 계획이 모두 기록되어 있습니다. 어떤 주인이 전도 축제를 기획하고 주변의 이웃들에게 초청장을 전달한 후에 D-DAY에 이르게 되었습니다. 축제의 모든 준비를 마친 당일 아침, 주인은 종들을 불러 1차 초청 대상자들을 방문하여 초대할 것을 명하였습니다.

그 사람들은 각각 전담 농사꾼과 축산업자와 결혼을 앞둔 청년이었으며, 이 사람들은 모두 주인의 초청에 응하기로 사전에 약속한 사람들이었습니다. 그러나 그들은 각각 부득이한 사정에 의해 참석이 어려운 사람들이었으며, 종들은 1차 초청 대상자 가운데 단 한 명도 초대하지 못한 채 귀가하였습니다. 귀갓길 종들은 아마도 오늘 전도 축제는 기획 단계부터 잘못된 것이라고 생각하였을지도 모를 일이었습니다.

빈손으로 돌아온 종들을 바라본 주인은 식어가는 음식을 바라보며 시내의 거리와 골목에 거주하는 빈곤계층과 장애인들과 시각장애인 등 2차 초청 대상자를 선정하여 곧바로 다시 파송하였습니다. 그 결과 50퍼센트 정도의 자리를 채울 수 있을 정도로 그 성과는 분명하게 있었습니다. 어쩌면 종들이 바라보았을 때도 이 정도면 전도 축제는 나름 성공적이었다고 생각할 수 있었습니다.

그러나 주인의 생각은 달랐습니다. 여전히 비어 있는 50퍼센트의 자리와 남은 음식을 바라본 주인은 길에서 만난 모든 사람들과 등산 등 취미 활동을 하는 사람 등 3차 초청 대상자를 곧바로 선정하고 이번에는 어떤 방법을 동원하더라도 강권하여 나머지 50퍼센트를 채우라고 명하였습니다.

결과는 어떻게 되었을까요? 성경에 기록되어 있지 않지만 주인이 기획하고 실행한 이 전도 축제는 분명 성공적으로 끝이 났을 것입니다.

누가복음 14장에는 전도 축제를 '큰 잔치'라고 표현하고 있습니다. 그러면 '전도'란 무엇을 말하는 것일까요? 전도는 누가복음 15장에 기록된 말씀과 같이 잃어버린 한 영혼을 찾는 운동이며, 예수 그리스도를 통하여 단절된 하나님과의 관계를 정상적으로 복원하는 것입니다(골 3:10, 엡 4:24). 또한 전도는 하나님 나라 확장 운동(행 1:8)으로서 그 어떤 그리스도인도 예외가 될 수 없는 예수님의 절대적인 명령입니다.

누가복음 14장에 기록된 종들은 주인이 기획한 전도 축제 중 1차, 2차, 3차에 걸쳐 계속된 명령에 대하여 예외 1명도 없이 모두 나가서 총동원하는 데 앞장섰던 사람들이었습니다. 이와 같이 전도 축제는 '성도 개개인의 자율성과 환경적 요인에 지배를 받는 것이 아니라 소속 교인 모두가 한결같이 적극적으로 참여해야 하는 교회의 가장 큰 사명'입니다. 이것이 누가복음 14장에 나타난 성공적인 전도 축제에 대한 정의입니다.

또한 누가복음 14장에는 전도 축제의 기획 단계부터 1차, 2차, 3차 초청 대상자에 대한 계획이 분명하게 있었으며, 이것이 결코 즉흥적으로 이루어진 차선책이 아니었습니다. 그래서 어떤 사람이 전도 축제 초청 대상자를 선정하여 노력하였지만 'D-DAY에 부득이한 이유로 참석이 어려울 경우, 혼자 참석하는 것이 아니라 다른 2차, 3차, 4차 초청 대상자와 반드시 함께 참여하려는 강한 의지'가 있어야 한다는 것입니다.

전도 축제, 누가 어떻게 할 것인가?

누가복음 14장에 기록된 전도 축제에는 축제를 성공적으로 만들어 갈 주인과 종들이 등장하고 있습니다. 보통의 경우 주인집에서 일하는 종들은 어떤 사람들일까요? 주인에게 논밭이 있다면 농사일을 맡을 종들과 이들에게 식사를 제공할 부엌 일꾼들이 있을 것이며, 또한 종들이 기거하는 주택을 관리할 관리원들이었을 것입니다.

이들은 분명 전도 축제를 위해 고용된 종들이 아니었습니다. 그럼에도 불구하고 주인이 전도 축제를 기획하고 주최하였을 때 단 한 사람의 열외도 없이 모두가 합심 단결하여 성공적인 전도 축제를 견인한 사람들이었습니다. 오늘날 한국교회 안에는 전도를 특별한 은사로 생각하거나 전도를 3D 업종으로 여기는 경향이 있습니다. 그러나 전도는 1일 3식과 같이 누구나 할 수 있고, 또한 반드시 해야만 하는 하나님의 명령인 것입니다(막 16:15, 딤후 4:1~2).

성경에는 전도 축제와 관련된 중요한 3인의 사례가 기록되어 있습니다. 첫째, 가장 많은 사람을 전도하고서도 하나님의 말씀에 불순종하기로 유명한 '요나'입니다. 요나는 선지자였지만 니느웨에 대한 적대감으로 인해 전도하기를 매우 꺼려했습니다. 이로 인하여 다른 선박과 선원들에게까지 피해를 주면서 결국 물고기 밥이 되는 위기를 겪어야 했습니다.

하나님께 회개함으로 구사일생하게 된 요나였지만, 3일 동안 주야로 쉼 없이 전도해도 부족한 니느웨성에서 하루 동안 적당하게 시간을 보내면서 억지로 전도한 결과(욘 3:3~4)는 놀랍게도 12만 명이 넘는 니느웨성 사람들이 복음화되는 기적적인 역사의 주인공이 되었습니다. 요나의 전도는 성경에 기록될 정도로 불순종의 전도였고, 불명예스럽고 태만한 전도였습니다. 그럼에도 불구하고 요나는 도시 전체를 복음화하는 최고의 전도자가 되었습니다.

이와 같이 전도는 자신의 가정과 직장을 모두 내팽개치고 올인(all in)하라는 것이 아닙니다. 일과 가정생활에 충실하면서 그 가운데 남는 시간을 할애하여 꾸준하게 전도를 하거나 화목 전도대(화요일과 목요일에만 활동하는 전도특공대) 시간에만 열심히 참석해도 열매와 결실의 기회는 분명하게 찾아 온다는 것입니다.

전도는 열외가 없고 정해진 규칙이 없습니다. 다른 사람들이 보기에는 겉치레처럼 보인다 해도 그 또한 하나님께서 기뻐하시는 일이라고 말씀하고 있습니다. 전도에 있어서 어떤 방법이든지 전파되는 것이 복음이라면 그 모든 것을 제한하지 않는다는 것이 성경의 한결같은 기록입니다(빌1:18). 그러므로 교회에서 활동하는 전도특공대(화목 전도대)가 있다면 그들이 전하는 전도지와 전도물품들이 결코 하찮은 쓰레기라거나 무의미한 시간이 아니라는 사실을 믿고 하나님의 때를 기다려야 할 것입니다.

둘째, 마리아와 마르다의 오빠로서 죽은 지 나흘 만에 되살아난 '나사로'(요 11:1~44)입니다. 나사로는 질병으로 인하여 이미 생명이 끊어졌지만, 예수님의 말씀으로 기적같이 되살아난 부활의 증인이 되었습니다. 즉, 나사로에게는 누구도 가질 수 없는 특별한 간증의 삶이 있었습니다. 이러한 간증적 체험을 증거한 나사로는 수많은 유대인들을 전도하여 대제사장들의 살생부에 기록될 정도로 위대한 전도자가 되었습니다(요 12:9~11).

이와 같이 우리의 삶에도 간증의 발자취와 흔적이 있습니다. 예수를 믿기 전의 우리 인생이 있으며, 예수를 믿은 후의 달라진 삶의 변화가 있습니다. 또 교회를 다니기 전의 불안한 우리가 있었고, 지금 출석하고 있는 교회를 다닌 후 변화되어 행복한 우리가 있습니다. 바로 그 놀라운 변화가 전도의 가장 유용한 도구가 될 것입니다.

교회에서 제공하는 그 어떤 전도물품보다 우리 자신이 경험하고 목도한 살아 있는 삶이 바로 우리와 함께 살아가는 이웃들에게 가장 큰 증거가 될 것입니다. 이제 그 기적 같은 위대한 삶의 여정을 빛으로 보여줄 시간이 되었습니다.

셋째, 야곱의 우물에서 예수님을 만난 무명의 '사마리아 여인'입니다(요 4:5~30). 요한복음 4장에는 유대를 떠나 갈릴리로 가시던 예수께서 수가성 야곱의 우물에서 이름을 알지 못하는 사마리아 여인과 만나 나눈 짧은 대화가 기록되어 있습니다. 예수께서 만난 사마리아 여인은 지난날 남편이 5명이나 있었으며, 현재의 남편과도 위기에 직면한 이른바 상종할 가치가 없는 사람이었습니다.

그럼에도 예수께서는 매일 다른 사람들의 시선을 피해 몰래 물을 길어야 하는 이 여인에게 영원히 목마르지 않는 영생수를 약속하셨습니다. 또한 예수께서는 이 여인에게 자신이 메시아라는 충격적인 복음을 선포하였습니다. 예수님의 말씀을 들은 여인은 놀랍게도 물을 길러 나온 본래의 목적을 잊은 듯 물동이를 버려둔 채 수가성 동네 사람들에게 복음을 전하여 수많은 사람들을 예수께로 인도하였습니다(요 4:30).

예수께서 만난 수가성 여인은 이른바 '남편을 다섯이나 잡아먹은 사람이었으며, 뿐만 아니라 지금의 남편과도 위기에 직면한 아웃사이더'였습니다. 오늘날 이런 사람이 우리에게 무슨 말을 한다면 그 사람의 이야기를 귀담아들을 사람이 있을까요? 하물며 그 사람이 예수님을 믿는 사람이라면 오히려 교회 안에서도 외톨이가 될 것이 분명합니다.

그런데 예수님을 진정으로 만난 수가성 여인이 복음을 전한 결과는 어떻게 되었습니까? 그들 모두가 동네를 나와 예수께로 향하였던 것입니다. 이와 같이 인생 자체가 본받을 것이 전혀 없는 흠투성이의 여인도 전도하면 동네 사람들을 예수께로 인도하는데, 우리는 무엇이 부족하여 안 된다는 것일까요? 우리 가운데 수가성 여인보다 못한 사람이 누가 있을까요?

우리 또한 수가성 여인처럼 예수님을 만난 사람들이었고, 여인보다 더 많은 말씀을 듣고 보았으며 읽었습니다. 지금까지는 다시 마셔도 갈증이 나는 세상의 도구로 설득하려 했다면 이제부터는 수가성 여인과 같이 주님이 주신 영생수 한 병으로 우리의 이웃을 예수께로 인도하는 역사의 주인공이 되어야 할 것입니다.

하늘샘교회의 전도 축제

하늘샘교회의 전도 축제는 필자가 담임목사로 부임한 1999년부터 시작되어 2030년 은퇴까지 계속 진행될 스토리형 프로젝트입니다. 이것은 1999년에 선포한 '2030 프로젝트'로서 5대 테마를 주제로 하고 있습니다.

첫째는 다파다실(多播多實) 전도 원리를 적용한 씨뿌리는 전도 전략(1999~2004년)이었습니다. 둘째로 태신자 전도와 일대일 밀착형 전도로 성장하는 옥토 개간 전도 전략(2005~2009년)이었습니다. 셋째는 전도의 권태기를 극복하며 새로운 변화를 추구하는 겨자씨 전도 전략(2010~2014년)이었습니다. 넷째는 지역사회와 함께하면서 지역 가운데 역사하는 누룩 전도 전략(2015~2019년)이었습니다. 그리고 마지막 다섯째는 세계를 교구로 하며 선교와 전도를 리드하는 세계 전도 전략(2020~2030년)이 그것입니다.

5대 전도 전략은 '시스템, 교구, 전도, 새가족, 성장'이라는 5대 회전형 카테고리와 연결되어 지속적이고 역동적인 성장형 공동체를 이루어 가는 모티브가 되고 있습니다. 이를 위하여 하늘샘교회는 부정적 언어, 상호 비방, 고성, 당 짓기, 이간질, 독선과 아집 등 교회 공동체를 분열시키는 6대 악에 대한 '네거티브 제로(Negative-Zero)'와 사랑, 평화, 감사, 행복, 배려, 존중, 용서, 화해의 8대 긍정언어에 대한 '포지티브 100(Positive-All)'을 선언하여 일체감 있는 감동의 공동체 약속을 실천하였습니다.

1999년 필자가 부임하여 70~80명을 시작으로 제2의 개척기를 선언한 이후 그해 200명을 돌파한 하늘샘교회는 2000년 300명, 2001년(FIGHTING 400) 400명, 2002년(JUMP 600) 600명, 2003년(T-5 전도 축제) 700명, 2004년(여리고 전도 축제) 1,000명에 이르기까지 전도 축제를 통하여 급성장을 이루었습니다. 이러한 성공적인 전도 축제의 성과는 전도 축제의 기획 단계에서부터 철저한 사전 준비와 교육, 훈련을 통하여 전 교인이 함께 적극적으로 참여할 수 있도록 일체감 있는 분위기를 조성한 결과였습니다.

특히 장기 결석자와 결석이 잦은 교인들을 대상으로 하는 '내부적 총동원주일'과 관계 전도를 통한 '외부적 총동원주일'을 동시에 진행함으로써 전도 축제의 성과를 극대화하였습니다. 이로써 교회 정체의 원인이었던 장기 결석자를 최소화하고 개인 사정으로 결석이 잦은 성도들을 참다운 일꾼으로 성장하게 만드는 원동력이 되도록 함으로써 차별화된 전도 축제를 실현하였습니다.

하늘샘교회 전도 축제의 개념

1) 총전도 무결석주일

총전도 무결석주일(총력 전도와 결석 없는 주일)이란 내부적 총동원주일과 외부적 총동원주일을 동시에 달성하는 전도 축제입니다. 이것은 기존 교인의 결석을 최소화(제로화)하고 이웃을 선별적 또는 무차별적으로 초청하여 교회 성장을 일시에 달성하는 하늘샘교회만의 특화된 장점으로 교회 성장의 견인차 역할을 하였습니다.

2) 내부적 총동원주일(기존 교인 무결석주일)

내부적 총동원주일을 위해서는 첫째로 기존 교인에 대한 심방과 관심을 촉구하여 성도들의 정예화를 구축하는 것입니다. 둘째는 기존에 편성된 교인 가운데 결석이 잦은 교인을 선별하여 심방과 양육과 인도를 집중함으로써 일꾼으로 성장시키는 것입니다. 셋째는 기존 편성 교인 가운데 장기 결석자를 대상으로 하여 집중 전도하는 잃은 양 찾기입니다. 마지막 넷째는 전도 축제에서 반복적으로 참석하는 일회성 등록자들을 재초청하는 것입니다.

3) 외부적 총동원주일(관계적 동원주일)

외부적 총동원주일을 위해서 하늘샘교회는 이웃을 무차별적으로 초청하여 교회 성장을 일궈내고 있습니다. 그 이웃의 범위는 다음과 같습니다.

① 타 교회를 출석하는 이웃 교인 중 다니는 교회가 원거리에 있는 이웃
② 아파트나 지역의 통장, 반장, 부녀회 임원, 노인회 임원 등 자주 접하는 이웃
③ 옆집, 아랫집, 윗집 및 동일 라인의 가정, 같은 동 같은 아파트 단지 주민
④ 가까운 친척이나 가까이 살며 자주 만나는 친구
⑤ 주일학교에 자녀를 보내는 불신 부모
⑥ 주일학교를 다녔던 경험이 있는 사람
⑦ 교회를 다니다가 낙심하거나 현재 교회를 떠나 있는 사람
⑧ 보험, 화장품, 신문, 우유 판매원으로서 본인과 직접 관련된 판매원
⑨ 기타 관계된 모든 이웃으로 전도특공대에서 수차례 반복적으로 방문한 사람들

2023년 1월

정은석 목사 | 고신총회 국내전도위원장, 하늘샘교회 담임

차례

서문 | 전도 축제, 어떻게 할 것인가? ...4

**다파다실(多播多實) 전도 원리를 적용한
씨뿌리는 전도 전략**

1장 T-5 전도 축제 ...15
1. T-5 전도 축제란? | 2. T-5(5달란트) 전도 운동의 기획 | 3. T-5 전도 운동에 대한 세부 계획 | 4. T-5 전도 운동 업무 계획과 서식

2장 여리고 전도 축제 ...61
1. 새생명 잔치 여리고 전도 축제란? | 2. 2004 새생명 잔치 여리고 전도 축제의 기획 | 3. 여리고 전도 축제에 대한 세부 계획 | 4. 여리고 전도 축제의 각종 서식 | 5. 전도 축제의 성장과 결산 | 6. 여리고 전도 축제 소식지

**태신자 전도와 일대일 밀착형 전도로 성장하는
옥토 개간 전도 전략**

3장 펜트(PNT) 전도 축제 ...117
1. 펜트(PNT) 전도 축제란? | 2. 2005 PNT(펜트) 전도 축제의 기획 | 3. PNT(펜트) 전도 축제의 세부 계획

4장 예수 사랑 5색 전도 축제 ...135
1. 예수 사랑 5색 전도 축제란? | 2. 예수 사랑 5색 전도 축제의 기획 | 3. 예수 사랑, 5색 전도 축제의 세부 계획

5장 VIP PLUS 전도 축제 ...161
1. VIP PLUS 전도 축제란? | 2. 2008 VIP PLUS 전도 축제의 기획 | 3. VIP PLUS 전도 축제의 세부 계획

전도의 권태기를 극복하며 새로운 변화를 추구하는
겨자씨 전도 전략

6장 S1(겨자씨) 전도 축제 ...187
1. S1(겨자씨) 전도 축제란? | 2. 2011 겨자씨 전도(S1 전도) 축제의 기획 | 3. 겨자씨 전도 축제의 세부 계획

7장 예수마을 행복 축제 ...217
1. 예수마을 행복 축제란? | 2. 예수마을 행복 축제의 기획 | 3. 예수마을 행복 축제의 세부 계획

지역사회와 함께하면서 지역 가운데 역사하는
누룩 전도 전략

8장 해피 전도 축제 ...235
1. 해피 전도 축제란? | 2. 2018 해피 전도 축제의 기획 | 3. 해피 전도 축제의 세부 계획

1장
T-5 전도 축제
(2003년 3월 30일~5월 25일)

1. T-5 전도 축제란?

2003년의 'T-5 전도 축제'는 한 사람이 다섯 명을 전도하는 'Talent-5'(마 25:14~30)를 의미하는 것입니다. 이는 2002년 '양손 전도 JUMP 600'을 통하여 한 사람이 2명을 전도하여 600명을 달성한 실질적인 경험을 바탕으로 계획되었습니다. 1999년에 70명의 성도로 출발한 하늘샘교회는 '제2 개척기'를 선언함과 동시에 전도를 시작하여 그 해에 200명을 돌파하였습니다. 또 2000년에 300명, 2001년에 'FIGHTING 400'을 통하여 400명을 돌파하는 등 급속한 성장을 이루었습니다.

2003년의 T-5부터는 전도 축제 기간도 3월 30일부터 5월 25일까지 9주간 63일로 늘어났습니다. 이것은 누가복음 14장에 기록된 천국 잔치에 나타난 것처럼 3차에 걸친 총동원령에서 비롯된 성경적 전도법이라 할 수 있습니다. 그동안 전도 축제의 성과를 직접 체험한 성도들은 전도에 대한 자신감과 자긍심을 갖게 되었으며, 이를 위해 회사에서 휴가를 내거나 연차 휴가를 모두 사용하는 등 전도 축제에 대한 참여도는 90퍼센트에 달하였습니다.

하늘샘교회의 전도 축제는 전도 축제 한 주 전에 교구장, 권찰장, 권찰, 기관장 등 교구와 주일학교의 리더를 초청하여 「전도 축제 가이드북」을 제공하며 '전도 축제 기획 설명회'를 개최하는 특징이 있습니다. 이로써 전도 축제의 개념과 철학을 공동 인식하고 이를 토대로 교구별·기관별로 '전도전략회의'를 주재하여 그 결과를 공개 발표함으로써 전도 전략과 방법을 모두가 함께 공유하도록 하였습니다.

또한 전도 축제 1주차인 주일낮 예배 시간에 성공적인 '전도 축제 선포식'을 하여 전 교인이 다 함께 참여하도록 강한 메시지를 전달합니다. 흥미로운 것은 T-5 전도 축제 선포식이 있었던 3월 30일(주일) 첫 주일에 이미 등록자가 179명에 달하는 등 9주 내내 200명씩 등록하여 전도 축제 기간 중에 2,712명이 등록하는 놀라운 역사가 있었습니다.

특별히 D-DAY 당일에는 예배당이 협소하여 교회 식당까지 예배 처소로 임시 사용하면서 이른 아침 7시부터 오후 2시까지 5부 예배를 드리는 가운데 1,055명이 등록하는 등 하루 내내 도로가 마비될 정도로 수많은 인파가 자리를 채웠습니다.

T-5 전도 축제는 사전에 전 교인을 대상으로 '전도 대상자 작정 카드'를 모두 기록하게 하여 실질적인 전도 목표가 달성되도록 하였습니다. 또한 5천 장 이상의 '축제 초청장'을 모두 배포하였고, 축제 기간 주변 지역에 초청장과 함께 뿌린 전도지는 3만5천 장에 달하였습니다.

　　성공적인 전도 축제를 위하여 매주 교구 모임을 통해 D-DAY 예상 인원을 지속적으로 점검 확인함과 동시에 목표 달성이 미진한 교구는 수시로 전략을 수정할 수 있도록 독려하였습니다. 더 나아가 매주 게시판에 '교구별 전도 통계 그래프'를 작성하여 교구별로 성장형 경쟁력을 갖도록 하였습니다.

　　이러한 전도의 활성화를 지원하기 위해 교회 차량에 '부착용 전도 축제 시트지'를 부착하여 지역에 거주하는 모든 사람들이 쉽게 볼 수 있도록 적극적인 홍보를 하였습니다. 전 교인의 전도 축제 참여를 위한 '전도 표어 공모'를 통하여 시상하였으며, 수상작은 계단과 화장실 등 성도들이 오가는 지역마다 부착하여 전도 동력을 고취하였습니다.

2. T-5(5달란트) 전도 운동 계획안

T-5 전도 운동에 대한 개요

1) 명칭: T-5(5명) 전도 운동
2) 기간: 2003년 3월 30일(주일)~5월 25일(주일)까지(총 56일간)
3) 교구장 · 지구장 · 권찰 세미나: 3월 26일(수)
4) 선포식: 3월 30일(주일) 1 · 2부 예배 시
5) 총동원일: 5월 25일(주일)
6) 당일 예배시간 안내:
　　· 1부: 오전 7시(새벽기도 및 주일낮예배-본 교회 교인들 중심, 찬양대: 할렐루야찬양대)
　　· 2부: 오전 9시(중 · 고 · 대학 · 청년회 및 이웃 전도 대상자 총동원)

· 3부: 오전 10시 30분(이웃 초청-전도 대상자 총동원)

· 4부: 오전 11시 50분(이웃 초청-전도 대상자 총동원)

· 5부: 오후 6시(저녁예배, 찬양대: 시온찬양대)

※ 유치·유년·초등부는 오후 3시에 본당에서 연합예배를 드림

7) 전도 목표: 1,000명을 주옵소서!

· 770명: 교구당 70명×11개 교구

· 240명: 중·고·대·청 각 60명×4개 기관

8) 주제 성구: "강권하여 데려다가 내 집을 채우라"(눅 14:23)

9) 전도 주제가: T-5(다섯 달란트) 전도 주제가(새찬송가 496장 개사곡)

10) 장소: ○○교회 본당 ☎ 332-0000, 336-0000

T-5 전도 운동의 목적과 주의사항

1) T-5 전도 운동의 목적

· 교회당을 채우자!(JUMP 700~1,000명)

"내 집을 채우라"(눅 14:23)

· 전 교인의 일치와 단합을 이루자!(초대 교회처럼 '일심으로')

· 전도의 잠재력을 측정해 보자!(나는 과연 얼마나 전도할 수 있을까? 5달란트 전도 운동-5명 이상 전도)

· ○○ 지역의 복음화와 직장의 복음화를 이루자!(장·단기적)

· 내 가정의 복음화를 이루자!

· 내 구역과 교구의 배가를 이루자!

· 결신자를 얻기 위해서: 100명(전도 목표의 1/10)의 결신을 주옵소서!

2) T-5 전도 시 주의 사항

· "어려울 것이다"라는 부정적인 생각은 버려야 한다.

· "그렇게 한다고 교회 성장과 부흥이 되나?"라는 비판적인 생각은 금물이다.

· "왜 공연히 사람만 들볶는가?"라며 시간 낭비, 돈 낭비라는 생각을 버려라.

- "데리고 올 사람이 없다"라고 생각한다면 전도하지 않는 것이 죄임을 잊지 말자.
- "전도할 줄 모르고 용기도 없다"는 걱정이 생긴다면 기도하고 성령님을 의지하라!
- "어디, 나는 전도 안 할 테니까 마음대로 해 봐라!"라고 방관하는 것 역시 죄이다.
- "교통이 불편해서 여기까지 오겠나?"라는 염려는 핑계일 뿐이다.
- "하나님께 선택되었다면 전도 안 해도 때가 되면 나올 것이다"라는 생각은 착각이다.

T-5 전도 운동을 위한 8대 기도 제목

- 성공적인 T-5 전도 운동이 되게 하옵소서!(1,000명 전도)
- 개인의 영적 부흥과 교회 성장이 이루어지게 하옵소서!
- 한 사람이 5달란트(5명 전도)를 남기게 하옵소서!(전도 대상자)
- 1~5부까지 빈자리가 없게 하옵소서!
- 구역 및 교구가 배가되게 하옵소서!
- 결신자 100명(전도 목표의 1/10)을 주옵소서!
- 가정의 복음화와 지역의 복음화를 주옵소서!
- 마귀의 시험이 없게 하옵소서!

「T-5(5달란트)전도 주제가」(찬송가 496장 「새벽부터 우리」 개사곡)

1절) ○○교회성도 주님명령따라 ○○지역시민 주께드리세
　　 영혼사랑하며 이집저집가서 예수초청잔치 알려줍시다
　　 다섯명전도 다섯달란트 일천명을 주께 인도합시다
　　 오월이십오 다섯달란트 일천명을 주께 인도합시다

2절) 오직성령충만 능력힘입어서 땅끝까지증인 되라하셨네
　　 주님말씀따라 순종함으로써 ○○교회성도 복음전하세
　　 다섯명전도 다섯달란트 일천명을 주께 인도합시다
　　 오월이십오 다섯달란트 일천명을 주께 인도합시다

누구를 전도할 것인가?(전도 대상자 선정)

- 불신 가족 및 친척
- 이웃 사람
- 반상회원
- 직장 동료들
- 배달원(우유, 신문, 야쿠르트 등)
- 자모회, 학부모회
- 학교, 학원, 유치원 교사
- 취미 교실, 스포츠 교실, 클럽 회원
- 조금이라도 안면이 있는 사람
- 기숙사 사원 초청
- 병원, 은행 직원
- 믿다가 낙심한 자
- 한 번이라도 교회 출석했던 사람
- 세입자나 임대인
- 친구, 동창생, 선후배, 고향 사람
- 외판원(화장품, 미용사원)
- 단골손님
- 경로당 어른들
- 파출소, 동사무소 직원, 군인(공익근무 요원)
- 주변 가게
- 거래처
- 거리에서 만난 사람들

전도 요령

1) 전도 대상자를 기록한다.
2) 이름을 부르며 기도한다.
3) 찾아가서 전도한다(초청장 전달).
4) 사랑을 베푼다.
5) 교회로 인도한다.
6) 신앙이 성장하도록 보살펴 준다.

"주인이 종에게 이르되 길과 산울타리 가로 나가서
사람을 강권하여 데려다가 내 집을 채우라"(눅 14:23)

조직 및 업무분담(D-day)

- 대회장: 정은○ 담임목사
- 준비위원장: 고창○ 목사
- 실행위원: 황대○ 목사, 교구장, 지구장, 권찰장, 이성○, 배민○, 이순○, 허두○, 이득○ 전도사

※ 'T-5 전도 운동'의 행사를 성공적으로 운영하는 일은 실행위원에 달려 있다.
※ 실행위원, 분과 모임 및 기도회
  3/30, 4/6, 4/13, 4/20, 4/27, 5/4, 5/11, 5/18일
  주일 저녁예배 후 제2교육관 → 7회

1) 총무 분과
   - 부장: 고창○ 목사
   - 차장: 손광○ 집사
   - 부원: 양기○, 권영○, 김은○, 류호○ 집사, 정인○ 권사, 강주○, 이영○, 이은○ 집사
   - 업무
     ① 조직 일정계획
     ② 상황실 운영
     ③ 전도 강연
     ④ 관공서 협조 공문 및 섭외(경찰서)
     ⑤ 전도 대상자 및 초청 대상자 명단 작성
     ⑥ 초청장 및 스티커 배부
     ⑦ 안내위원 교육
     ⑧ 표어 공모 현상 제작 및 선정
     ⑨ D-Day 초청장 수거 및 집계(수거함 제작)
     ⑩ 구호 제창
     ⑪ 교구별 지역별 전도 목표 설정 및 독려

⑫ 찬양팀(외부) 간식 및 식사 조달

⑬ 담임목사 건강 관리 및 식사 조달

2) 예배 분과

· 부장: 김영○ 장로

· 차장: 김정○ 집사

· 부원: 김종○ · 윤일○ · 정성○ · 최소○ · 조상○ · 김호○ · 김경○ · 이재○ · 박정○ · 오갑○ · 한정○, 황경○ 집사, 최현○ 성도, 이성○ · 배민○ · 이순○ 전도사

· 업무

① 예배실 준비 및 장식(본당, 중3층, 유아실까지)

② 강단 장식

③ 앰프 설치

④ 영상 중계용 TV 설치

⑤ 결신 카드 작성(볼펜 준비) 지원 및 수거

⑥ 좌석 안내

3) 기도 및 전도 분과

· 부장: 황대○ 강도사

· 차장: 김종○ 집사

· 부원: 정부○, 송석○ 집사, 허의○, 백영○, 구하○, 손영○, 오정○ 권사, 이춘○, 이정○, 김효○ 집사, 허두○ 전도사

· 업무

① 전교인 특별 새벽기도회(4/7~20일까지: 14일간)

② 심야기도회(4/4, 4/25, 5/2, 5/9, 5/16, 5/23: 6회)

　※ 금요 정사예배: 4월 11일 저녁 8시

③ 주일 새벽기도회(3/30, 4/6, 4/13, 4/20, 4/27, 5/4, 4/11, 4/18일: 8회)

④ 여리고 작전 기도회(4/1, 4/3, 4/8, 4/10, 4/15, 4/17, 4/22, 4/24, 4/29, 5/2, 5/6, 5/8, 5/13, 5/15, 5/20, 5/22: 16일 × 2회 = 32회)

⑤ 교회 홍보지 및 전도지 제작

⑥ 초청장 제작

⑦ 교구별 릴레이 전도(3/30, 4/6, 4/13, 4/20, 4/27, 5/4, 5/11, 5/18, 5/25: 9회)

⑧ 노방 전도대와 축호 전도대 파송(화·목 전도대)

4) 홍보 분과

· 부장: 조홍○ 집사

· 차장: 노정○, 김행○ 집사

· 부원: 김주○, 김예○, 김철○, 박남○, 백영○, 이정○, 김동○, 정희○, 조옥○, 우경○, 공명○ 집사

· 업무

① 현수막

② 차량 홍보용 스티커 및 시트지 제작

③ 피켓 준비

④ 게시판 일자 표시

⑤ 애드벌룬 설치(5월 초·중순경)

⑥ 인터넷 및 교회 홈페이지(이재○ 집사)

5) 시설 관리 분과

· 부장: 강해○ 집사

· 차장: 남형○·정부○ 집사

· 부원: 추재○·김용○·박영○·장수○·이재○·장선○·정국○·김정○ 집사, 김필○·하복○ 권사, 조덕○ 집사

· 업무

① 행사에 관련한 제반 편의 시설 설치 및 관장

② TV 모니터 설치(제1교육관 및 유치부실, 제2교육관 등)

③ 의자 보충

④ 화장실 점검

⑤ 기념품 배부

⑥ 교회 대청소 관장(5/19~21일)

- 19일: 교회 외벽 청소(용역업체)   - 20~21일: 교회 내부 청소(전교인)

⑦ 애드벌룬 임대 및 설치(홍보부와 협조)

6) 차량 분과

· 부장: 오경○ 장로

· 차장: 신경○ 집사

· 부원: 강해○ · 허문○ · 추재○ · 김은○ · 서태○ · 김진○ · 정성○ · 김원○ · 김종○ · 강동○ 집사, 박신○ 성도

· 업무

① 홍보용 차량 운행

② 운송 차량 최대 확보(1~5부까지)

③ 차량 안내

④ 주차장 점검 및 차량 안내위원 배치

⑤ 호각 및 차량 지시봉 준비

⑥ 유니폼 제작

⑦ 교회 외곽 질서 안내

⑧ 지역 경찰서 협조

7) 안내 분과

· 부장: 박윤○ 장로

· 차장: 고재○ 집사, 이득○ 전도사

· 부원

1부(오전 7시) - 1여전도회(회장: 구하○ 권사)

2부(오전 9시) - 2여전도회(회장: 김상○ 집사)

3부(오전 10시 30분) - 3여전도회(회장: 조옥○ 집사)

4부(오전 11시 50분) - 4여전도회(회장: 남성○ 집사)

5부(오후 6시) - 5여전도회(회장: 김숙○ 집사)

※ 안내 위치: 차도, 본당 1층 내·외부, 1층 로비, 2층 계단, 2층 본당 입구, 3층 계단, 준3층 내부, 각 교육관

※ 의료 책임자: 서태○·남성○집사, 이경○ 선생

· 업무

① 안내위원 선정(해당 전도회별로)

② 안내 교육

③ 순서지 배부

④ 의약품 준비

⑤ 안내위원 후드 부착 및 정리

⑥ 안내도 제작

8) 재정 분과

· 부장: 이귀○ 장로

· 차장: 손영○ 집사

· 부원: 조홍○·정부○ 집사

· 업무: T-5 전도 운동에 소용되는 제반적인 재정을 지원하고 부족 시 자금 조달을 책임진다.

9) 양육 분과

· 부장: 이봉○ 장로

· 차장: 손광○집사, 이득○ 전도사

· 부원: 이슬비 전도편지 부원, 양육부원

· 업무

① 양육 훈련("신앙의 징검다리" 5주, "신앙의 길잡이" 7주, "호모수만돈 성경공부-성장반" 14주 실시)

② 결신자 카드 회수 및 분류 작업 이슬비 전도편지 발송

③ 심방 및 기관에 지원

3. T-5 전도 운동에 대한 세부 계획

1) 준비 단계
   - 3월 23일(주일): 현수막 부착(2개), T-5 전도 운동 초청장 배부
   - 3월 26일(수): T-5 전도 운동을 위한 세미나 및 조직(교구장·지구장·권찰 세미나) - 수요 예배 후
   - 3월 30일(주일): T-5 전도 운동 표어 공모 현상, 스티커 제작 및 배부
   - 4월 7일(월)~20일(주일)
     ① 교구별 전도 대상자 명단 벽보 부착
     ② (전도 대상자 확보를 위해) 특별 새벽기도회 실시 및 출석 카드 제작
     ③ 전도 표어 공모 시상(4월 20일)
   - 5월 19(월)~21일(수): 교회 대청소 실시(손님맞이)
     ① 월요일(교회 외벽 청소 - 용역업체)
     ② 화~수요일(본당 및 교육관 청소 - 전교인)
   - 5월 19(월)~24일(토): 기념품 준비
   - 전도 시상품 접수: 한 가정에 한 점 이상

2) 실행 단계(3월 30일~5월 25일까지 56일간)
   - T-5 전도 운동 선포식 및 개요 설명(전교인 책자 배부)
   - 4부분으로 나누어 실행하되, 달란트 가산제로 실행한다.
     ① 예배 - 주일낮(5달란트), 주일밤(5달란트), 삼일밤(5달란트), 구역예배(3달란트)
     ② 기도 - 특별새벽기도(2주간, 2달란트), 주일새벽기도(3달란트), 심야기도(3달란트), 여리고 작전기도회(1회 참석 시 3달란트)
     ③ 전도 - 1회 출석(10달란트), 2회 출석(15달란트), 3회 출석(15달란트), 4회 출석 - 등반(20달란트), 5회 이상 출석(15달란트)
       ※ 출석한 지 4주 이상이 안 되신 분들 인도해 와도 전도로 인정

④ 등반(4주) - 20달란트

· 특별새벽기도회 운영

• 4월 7일(월)~20일(주일)까지 14일간

• 시간: 오전5시   • 장소: 본당

① 각 교구별로 새벽기도회 비상 연락망을 조직할 것

② 전화벨 울려 주기(※ 불신 남편이 있는 가정은 전화벨 울려주기 삼가할 것)

③ 차량 운행표 조직 및 제작

④ 새벽기도회 찬양대 운영(※ 특별기도회 기간은 금요심야기도회 생략)

• 4월 7일(월): 7교구   • 4월 14일(월): 1교구

• 4월 8일(화): 8교구   • 4월 15일(화): 2교구

• 4월 9일(수): 9교구   • 4월 16일(수): 3교구

• 4월 10일(목): 10교구   • 4월 17일(목): 4교구

• 4월 11일(금): 11교구   • 4월 18일(금): 5교구

• 4월 12일(토): 중·고·대·청   • 4월 19일(토): 6교구

• 4월 13일(주일): 시온   • 4월 20일(주일): 할렐루야

3) 후속 단계(5월 25일 이후)

· 이슬비 전도편지 발송(매주 화요일) - 교회 출석 가능자에게

· 양육 훈련

① "신앙의 징검다리"(5주)

② "신앙의 길잡이"(7주)

③ "호모수만돈 성경공부"(성장반, 14주) 실시

· 전도 표어 공모 시상(1~5등) - 4월 20일

· 각종 시상(6월 1일 주일)

• 교구장 시상(1, 2, 3등) → 교구 총 달란트를 합산

※ 재조정 인원에 따름

• 권찰 시상(1~10등까지) → 구역 총 달란트를 합산

• 개인전도 시상 전도왕: (달란트 특상) → 200명 이상, (면류관상) → 150명 이상,

(스타상) → 100명 이상, (달란트상) → 50명 이상, (달란트상) → 5명 이상

T-5 전도 운동 각종 양식

각 교구별 D-day(5월 25일) 예상 및 확정 인원 현황

구분		1교구	2교구	3교구	4교구	5교구	6교구	7교구	8교구	9교구	10교구	11교구	청년회	대학부	고등부	중등부	총계
3월 30일	예상																
	확정																
4월 6일	예상																
	확정																
4월 13일	예상																
	확정																
4월 20일	예상																
	확정																
4월 27일	예상																
	확정																
5월 4일	예상																
	확정																
5월 11일	예상																
	확정																
5월 18일	예상																
	확정																
19일	확정																
20일	확정																
21일	확정																
22일	확정																
23일	확정																
24일	확정																
총계	예상																
	확정																

○○교구 전도 대상자 명단

	성명	전도 대상자	성명	전도 대상자
1구역				
2구역				
3구역				
4구역				
5구역				
6구역				

____ 교구 ____ 구역 T-5 전도 운동 보고서

2003. . .   보고자: (※ 권찰용)

종류	예배				기도				전도			등반		D-day	
구분	주일 낮 (5)	주일 밤 (5)	삼일 밤 (5)	구역 (3)	특별 새벽 (2)	주일 새벽 (3)	여리고 작전 (3)	심야 (3)	1회 출석 (10)	2회 출석 (15)	3회 출석 (15)	4회 출석 (20)	5회 이상 (15)	예상 인원	확정 인원
인원															
달란트															

교구장 T-5 전도 운동 보고서

2003. . .

구분		1구역	2구역	3구역	4구역	5구역	6구역	총인원	달란트 점수
예배	주일낮 (5)								
	주일밤 (5)								
	삼일밤 (5)								
	구역 (3)								
기도	특별새벽 (2)								
	주일새벽 (2)								
	여리고작전 (3)								
	심야 (3)								
전도	1회 출석 (10)								
	2회 출석 (15)								
	3회 출석 (15)								
등반	4회 출석 (20)								
	5회 이상 (15)								
총 달란트 점수									
예상 인원									
확정 인원									

T-5 전도 운동 교구별 달란트 현황

달란트 / 교구	1	2	3	4	5	6	7	8	9	10	11	청년	대학	고등	중등
10,000															
9,500															
9,000															
8,500															
8,000															
7,500															
7,000															
6,500															
6,000															
5,500															
5,000															
4,500															
4,000															
3,500															
3,000															
2,500															
2,000															
1,500															
1,000															
500															

T-5 전도 운동

구분		월	3			4												
		일자	23	26	30	1	2	3	4	6	8	9	10	11	13	15	16	17	18	20	22
		요일	主	水	主	火	水	木	金	主	火	水	木	金	主	火	水	木	金	主	火
예배	주일낮 예배(5)				■					■					■					■	
	주일밤 예배(5)				■					■					■					■	
	삼일밤 예배(5)			■								■					■				
	구역예배(3)							■							■				■		
기도	특별새벽기도회(2)										14일간										
	주일새벽기도회(3)				■					■					■					■	
	금요심야기도회(3)								■												
전도 등반	전도(10)				■	■	■	■	■	■	■	■	■	■	■	■	■	■	■	■	
	등반(20)																			■	■
준비 단계	현수막 부착		■																		
	T-5 전도 운동 조직			■																	
	초청장 제작 및 배부			■																	
	스티커 제작 및 배부			■	■	■	■	■	■												
	선포식 및 개요 설명								■												
	공모 현상 및 시상				■	■	■	■	■	■	■	■	■					■		
	대상자 벽보 부착				■	■	■	■	■												
실행 단계	전도 강연회 개최																				
	실행 위원회 모임								■				■								
	D-Day																				
후속 단계	전도편지																				
	양육 훈련																				
	각종 시상																				

진행 세부 계획표

	4						5																6
23	24	25	27	29	30	1	2	4	6	7	8	9	11	13	14	15	16	18	20	21	22	23	25	1
水	木	金	主	火	水	木	金	主	火	水	木	金	主	火	水	木	金	主	火	水	木	金	主	主

56일간

T-5 전도축제

4. T-5 전도 운동 업무 계획과 서식

T-5 전도 운동 마크 및 로고 디자인

① 마크는 'T(T)'와 '5(5)'의 이니셜을 형상화해서 제작되었다.
② 마크 가운데 '십자가의 이미지(✝)'를 넣어 T-5 전도 운동의 중심에는 주님이 함께하심을 나타냈다.
③ 이니셜 'T(T)'는 주황색으로 달란트(talent), 즉 우리의 재능(노력)의 기초 위에 '5(5)'는 녹색으로 복음의 '싹(5)'이 피어남을 형상화했다.

「T-5 전도 운동 주제가」(찬송가 496장 「새벽부터 우리」 개사곡)

1. ○○교회성도 주님명령따라 ○○지역시민 주께드리세
2. 오직성령충만 능력힘입어서 땅끝까지증인 되라 하셨네

영혼사랑하며 이집저집가서 예수초청잔치 알려줍시다
주님말씀따라 순종함으로써 ○○교회성도 복음전하세

다섯명전도 다섯달란트 일천명을주께 인도합시다

오월이십오 다섯달란트 일천명을주께 인도합시다 아멘

T-5 홍보물

1) 현수막(※ 본당, 외부 - 2장)

2) 8대 기도 제목 현수막 (※ 본당 부착)

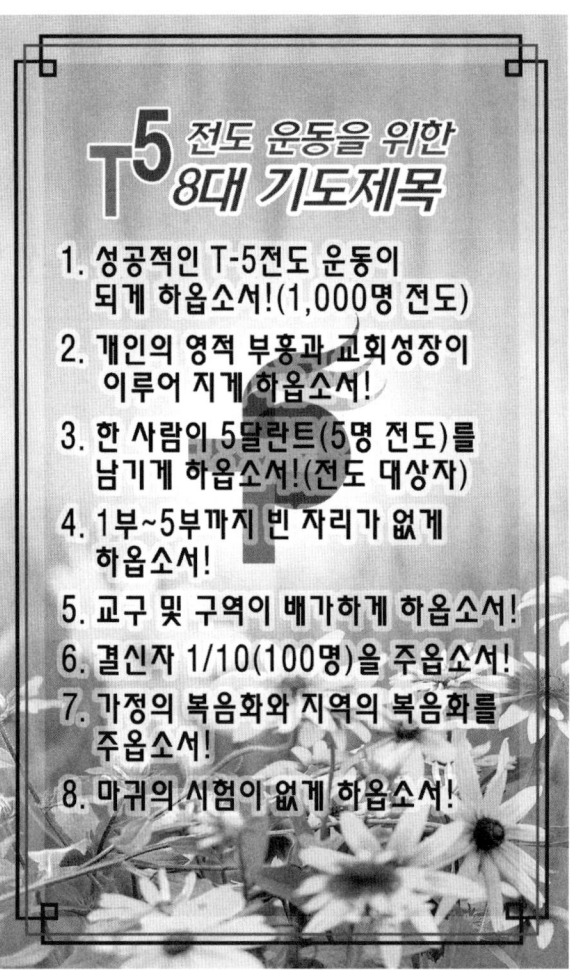

3) 홍보용 스티커, 환영 스티커, 교구 스티커

4) 초청장

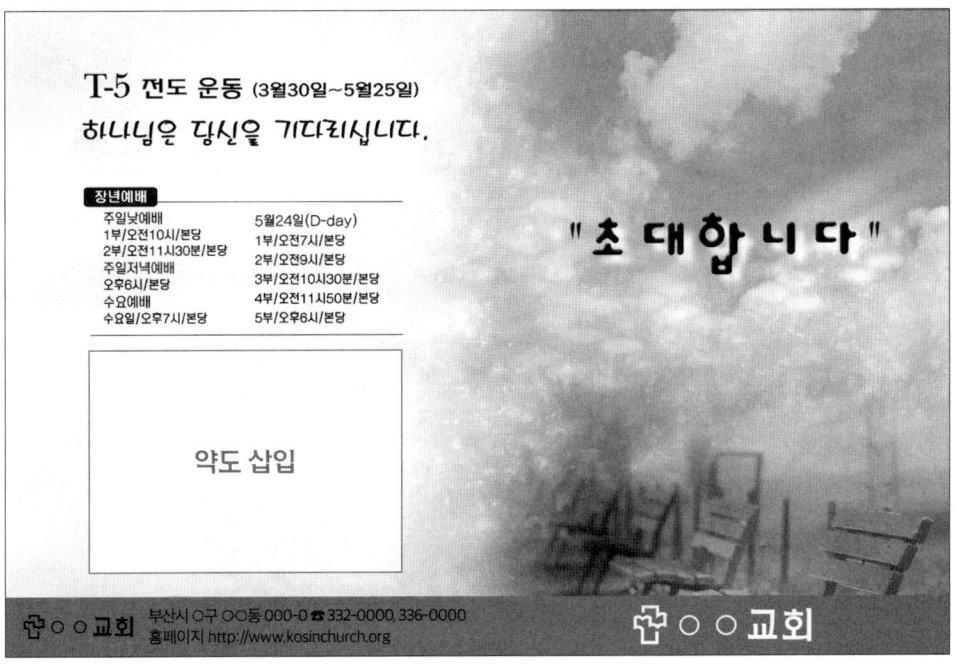

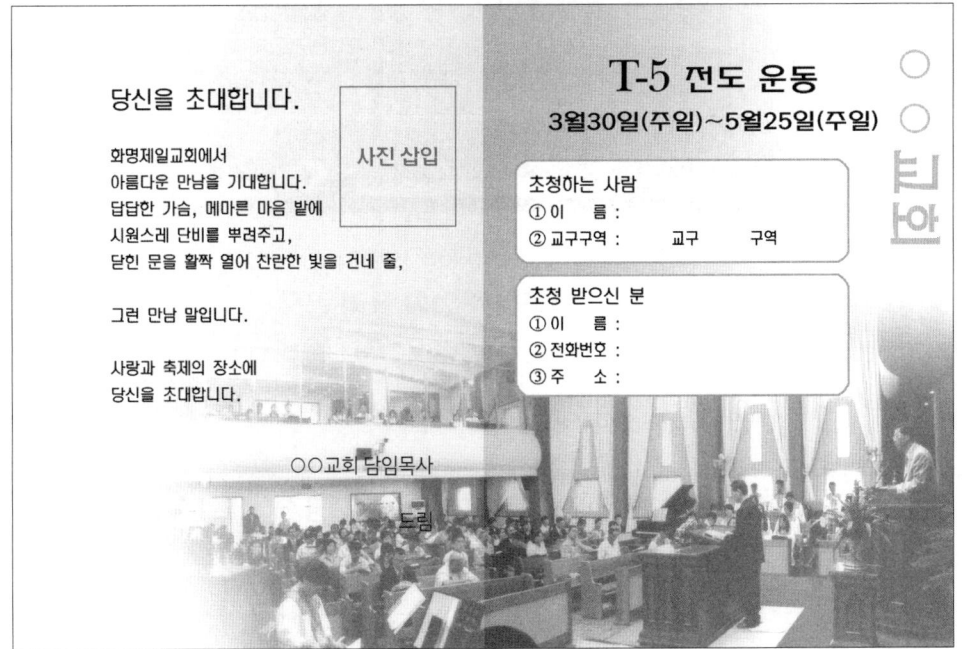

5) 차량 부착용 시트지

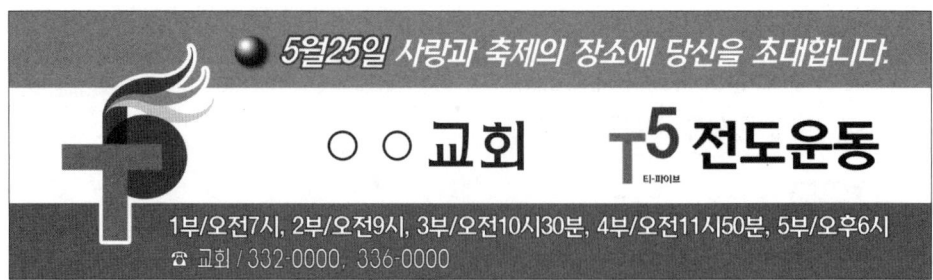

T-5 전도 운동 홍보와 전도의식고취를 위한 표어 공모

1) 전도표어 공모 양식

⊙ T-5 전도 운동 표어 공모 응모권 ⊙
▶ 제출 기한: 4월 둘째 주(13일)까지(10~20자 내외)
▶ 제 출 자: (교구   구역)

2) 전도 표어 공모 입상 내역

　① 1등: 조성○ 사모(땅끝가지 복음증거 주님소원 나의기쁨)

```
                    땅끝까지 복음증거
                    주님소원 나의기쁨
```

　② 2등: 구하○ 권사(이집저집 다닐때에 거지취급 받지만 그영혼 돌아오면 어사출두 안부럽다)

```
              이집저집 다닐때에 거지취급 받지만
              그영혼 돌아오면 어사출두 안부럽다
```

　③ 3등: 이성○ 전도사(온몸으로 전도하고 가슴으로 만납시다)

```
                    온몸으로 전도하고
                    가슴으로 만납시다!
```

　3등: 장수○ 집사(한사람이 다섯영혼 교회전체 일천영혼)

```
                    한사람이 다섯영혼
                    교회전체 일천영혼
```

　3등: 오정○ 권사(천하보다 귀한 생명 예수복음 온누리에)

```
                    천하보다 귀한생명
                    예수복음 온누리에
```

D-day 진행 계획

1) T-5 전도 운동 D-day(5월 25일) 업무 내용

D-day 위치별 담당, 포지션과 업무 내용 설명서

분류	장소	명칭	총괄책임	담당	업무
본당 1층 총괄/ 고재○	유치부실	상품준비실	김철○	김정○, 김근○, 강성○	상품 배급
	로뎀하우스	간호실	이경○	서태○, 이경○	응급 처방
	1층 로비	로비	김상○	김숙○, 김상○	출입 통제 안내
	1층 정문 앞	제1접수처	임명○	서순○, 이향○, 이숙○ 구자○, 한희○, 임명○	① 초청장 접수 ② 스티커 부착 ③ 예배당 안내 ④ 분산 입장 유도
			신경○		차량 통제 총괄 지휘
			이승○	이승○, 이제○	장애인 램프 안전 관리
본당 외부 총괄/ 신경○	1층 좌측면 주차장	옥외대기석	고재○		초청자 안전 관리
			김진○		차량 통제
			추재○	임성○, 허영○, 김수○ 박장○, 허성○, 이흔○	제2교육관 장의자 대기석 준비 및 복원
	1층 정문 도로 앞 주차장	상품 증정센터	허의○	문선○, 문선○, 조효○ 서혜○, 허의○	간식 증정
			정인○	정인○, 고현○, 김남○ 권문○, 권문○	기념품 증정
			고현○		스티커 수령 보관
		상품 보관소	정인○	김정○, 김근○, 강성○	상품 배급 관리
	본관 정면 주차장 앞 차도	임시 수송 차량 정류소	김은○	지역 경찰서 교통계	차량의 원활한 소통과 승하차 안전 지도
본당 2층 총괄/ 황대○	제2교육관 2층	업무준비실	이은○	정인○, 강주○, 이영○	목사님, 노래하는 순례자, 크로마하프 식음료 준비 접대
		목양실	이은○		담임목사님 대기실
		문화강좌실	이은○		노래하는 순례자 대기실
	성가대석	초청자석	문현○	장의자 1칸 5명씩	좌석 안내 및 결신자 카드 볼펜 접수
	좌측 라인 2줄	A, B	허두○	A: 이희○, B: 김지○	좌석 지정 안내(장의자 1칸 5명)
				A: 이숙○, 이수○ B: 하순○, 김순○	결신카드 볼펜 준비 접수
	우측 라인 2줄	C, D	이순○	C: 정순○, D: 이경○	좌석 지정 안내(장의자 1칸 5명)
				C: 박종○, 이혜○ D: 한혜○, 윤지○	결신카드 볼펜 준비 접수
	로비 계단 (1층 방향)	로비	김숙○		안내
			최소○		1층 방향 계단 안전 관리

분류	장소	명칭	총괄책임	담당	업무
본당 3층 총괄/ 김정○ 이득○	좌측면부터 우측으로 5줄	E, F, G, H, I, J	이득○	E: 김동○, F: 이성○, G: 이득○	좌석 안내
				H: 이경○, I: 한순○	결신카드 볼펜 준비 접수
				J: 최향○	유아실 내부자 결신카드 볼펜 준비 접수
				조상○	2층 방향 계단 안전 관리
식당 총괄/ 배민○ 김행○	식당 앞	제2접수처	김행○	진현○, 최순○	안내
				정성○	차량 통제
				김행○, 김경○	초청자 안전 관리
	식당	제3예배실	배민○	김경○, 조현○	좌우측 맨 앞부터 좌석 안내
				P: 진현○, Q: 최순○ R: 김경○, S: 조현○	결신카드 볼펜 준비 접수
본당 지하 총괄/ 이성○ 손영○	제1교육관	제2예배실 로비	손영○	정연○, 김쌍○	안내
				정성○, 이용○	1층 방향 계단 안전 관리
		제2예배실	이성○	K: 오애○, L: 조인○, M: 최현○, N: 이성○, O: 손영○	안내 및 결신카드 볼펜 준비 접수

2) T-5 전도 운동 D-day 업무별 배치도

본당 1층 구조 및 각 담당자의 위치		D-day 상황
T-5 총괄: 고창○ 목사	1층 내부 총괄: 고재○ 집사	1층 외부 총괄: 신경○ 집사

도로

주차장

제3교육관

제2접수처

화장실

식당총괄/배민○전도사

대기석 준비
총괄/추재○집사
임성○
허영○
김수○
박장○
허성○
이은○

남화장실
여화장실

주차장(옥외 대기석)
차량통제/김진○집사
안내/고재○집사

교역자실
(총지휘부)

사무실
(행정본부)

유치부실(상품준비실)
기념품, 간식
담당/김철○집사

로뎀하우스(간호실)
담당/이경○집사

출입통제, 안내/김숙○, 김상○
1층 로비

수정회관

대기자 입장전용

자판기

제1접수처
총괄/임명○권사

초청장 접수함①
스티카 부착②
예배당 안내③
양방향 분산입장④

접수처 안내/서순○, 이향○, 임명○
이숙○, 구자○, 한희○

차량통제 지휘/신경○집사
안전요원/이제○, 이승○

도 로

주차장(상품증정센타)
총괄/허의○권사, 스티카 수령/고현○
기념품 증정/정인○, 고현○, 김남○, 권문○, 권문○
간식증정/허의○, 문선○, 문선○, 조효○, 서혜○
상품배급/김정○, 김근○, 강성○

상품수령자 이동경로

상품임시 보관소(상품출입통제/정인○권사)   화단

| BUS STOP | 임시수송차량 정류소(담당/김은○집사) ○○경찰서 교통계 |

본당 2층 구조 및 각 담당자의 위치(최대 수용 인원: 350명)		D-day 상황
T-5 총괄: 고창○ 목사		2층 본당 총괄: 황대○ 목사

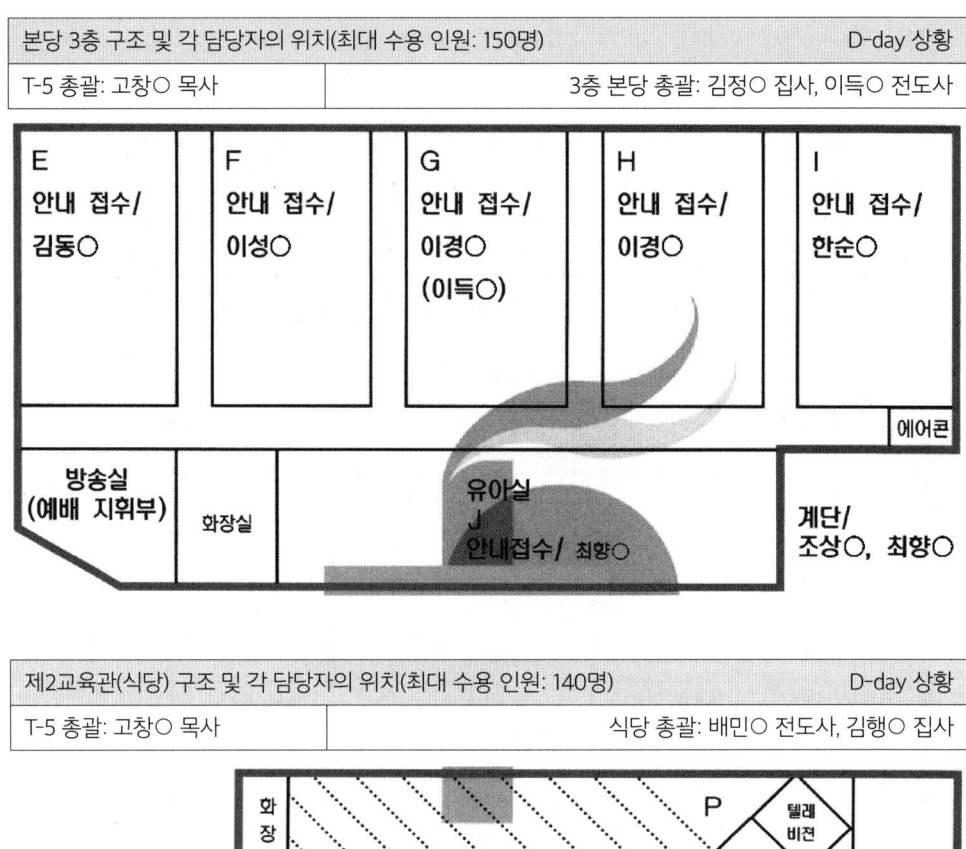

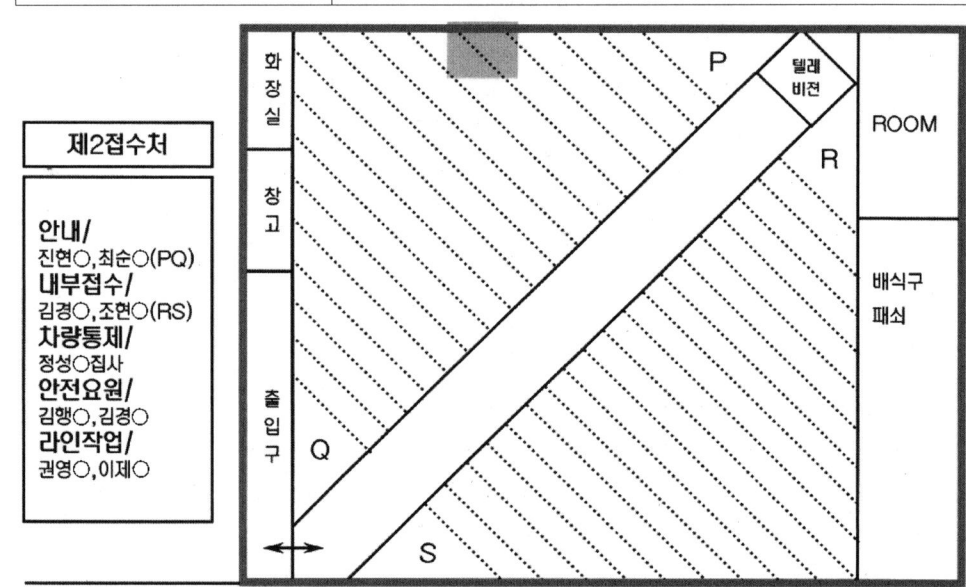

본당 지하 1층 제1교육관 구조 및 각 담당자의 위치(최대 수용 인원: 180명)	D-day 상황
T-5 총괄: 고창○ 목사	제1교육관 총괄: 이성○ 전도사, 손영○ 집사

●제1교육관 안내

계단 안전 안내/
정성○, 이용○

내외 안내/
정연○, 김쌍○

예배실 접수/
오애○(K), 조인○(L)
최현○(M), 이성○(N)
손영○(O)

비상 대기자/
차량정비/이상○(011-582-0000)
교통사고/손영○
의료사고/김치○, 이경○
종합문의/손광○

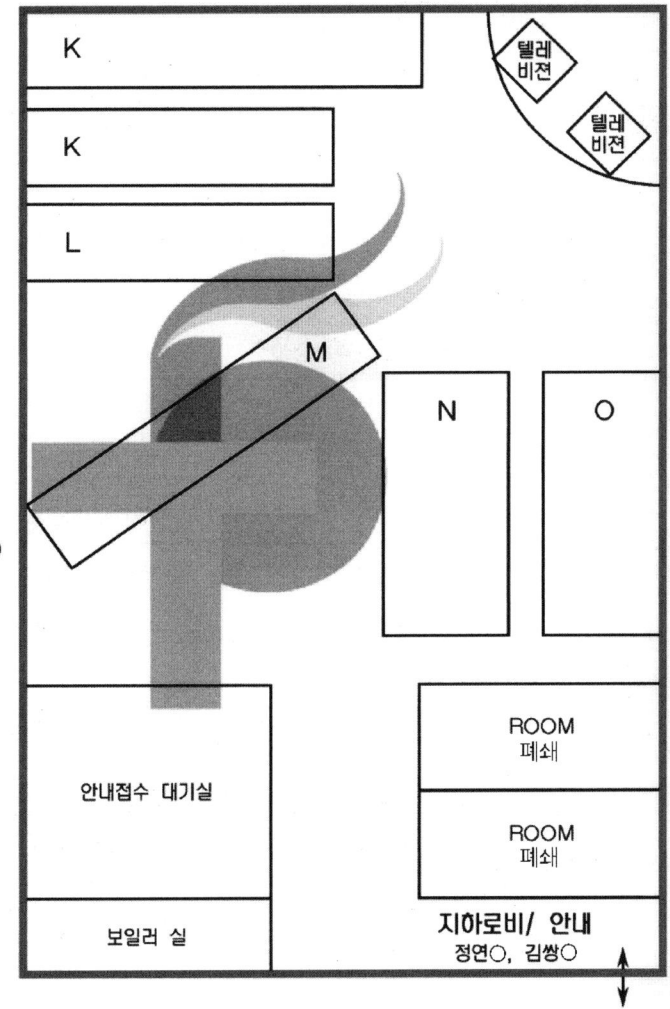

안내접수 대기실

보일러 실

ROOM 폐쇄

ROOM 폐쇄

지하로비/ 안내
정연○, 김쌍○

3) 일자 · 시간대별 업무 계획서

T-5 전도 운동 행사 일정 계획 및 D-day 프로젝트

일	시간	분과	주요내용	담당자
11		총무분과	현재 D-day 예상 인원: 1,850명	새가족실
12~17		총무분과	초청자용 스티커 2,500매 제작	권영○
16	오전 11:00	권찰대학	D-day 최종 출석 인원 확정(부별 참석 인원)	교역자실
18	오후 8:00	실행위원	D-day 7일 전 최종 점검 및 제8차 실행위원회	정은○
19	오전 10:00	시설관리분과	교회 외벽 대청소(외부 의뢰)	정부○
19~24		시설관리분과	영상 중계 선로 연결 공사(추재○, 김호○)	추재○
19~24		시설관리분과	냉난방기 전기 및 화재 시설 안전 점검	강해○
19~24		총무분과	초청자용 스티커 2,500매 준비(사무실)	권영○
19~24		총무분과	결신카드 2,500매 인쇄 및 준비(사무실)	권영○
19~24		총무분과	새가족 선물 세트 주문 의뢰 및 준비(유치부실)	정은○
19~24		총무분과	떡, 음료수 주문 및 포장 작업 담당자 섭외	허의○
20~21	오전 10:00	시설관리분과	교회 내외 대청소(권찰, 기관, 대학부, 청년회)	정부○
24	오전 10:00	시설관리분과	영상 중계용 TV 제1교육관(47~48인치), 식당(56인치)	추재○
24		시설관리분과	접수대 및 접수함 준비	청년회
24		총무분과	새가족 선물 세트 준비 확인 체크	고창○
24		차량분과	대로변 임시 버스정류장 설치	신경○
24		총무분과	지역 경찰서 교통지도 파견 요원 최종 확인	고창○
24		총무분과	교회 본관 의자 준비 및 보충	청년회
24		총무분과	교회 안내 도면 제작 및 비치	권영○
24		차량분과	호각, 차량 지시봉, 유니폼, 무전기 일체 준비 확인	신경○
24		총무분과	목사님, 노래하는 순례자, 크로마하프 간식 및 식사 준비 확인(강주○, 정인○, 이영○)	이은○
24		총무분과	D-day 행사 봉사자 간식 준비(150인분)	고창○
24		총무분과	교구별 최종 확정 인원에 비례하여 좌석 지정 배치	손광○
24		안내분과	의약품 준비 확인 체크(서태○)	고창○
24		안내분과	안내위원 후드 준비 확인	고재○

일	시간	분과	주요내용	담당자
25	오전 6:00	총무분과	떡, 음료수 세트 포장 작업	허의○
25	오전 7:00	1부 예배	기존 교인: 350명 예정	
25	오전 8:00	시설관리분과	교회 건물 좌측 주차장에 제2교육관 장의자 30조 준비	청년회
25	오전 8:00	시설관리분과	교회 본관 전면 및 식당 전면에 접수대, 접수함 초청자 스티커 준비	청년회
25	오전 8:00	시설관리분과	교회 본관 맞은편 주차장 공간 기념품 전달 시설물 설치	청년회
25	오전 8:00	총무분과	노래하는 순례자 팀 세팅 준비 작업	청년회
25	오전 8:00	총무분과	목사님, 노래하는 순례자 간식 및 식사 준비	이은○
25	오전 8:00	예배분과	각 예배실, 영상 중계 TV 최종 점검	방송실
25	오전 8:00	안내분과	로뎀하우스 임시 간호실 설치	이경○
25	오전 8:20	총무분과	각 예배실 볼펜, 결신카드 준비(배민수, 이성구)	손광○
25	오전 8:20	각 분과	안내위원, 차량위원, 접수요원, 기념품 전달요원, 정위치 배치(8시 20분부터 오후 2시까지 정위치 근무)	고재○ 신경○ 고창○ 손광○
25	오전 8:30	차량분과	2부 예배 참석자 차량 버스정류소 정지, 앞 차량부터 하차를 원칙으로 하되 완료 후 차량 즉시 이동	신경○
25	오전 8:30	안내분과	① 안내위원의 안내에 따라 초청자들은 접수대에 와서 초청장을 접수대에 넣고 초청 스티커를 가슴에 부착 후 입장 ② 스티커는 예배 종료 후 선물 수령 시까지 반드시 부착해야 함 ③ 안내위원은 안내에 따라 교구별 좌석지정에 착석	고창○
25	오전 9:00	2부예배	① 노래하는 순례자 찬양(20분) ② 설교(15분) ③ 결신카드 및 볼펜 배부 ④ 구원초청, 영접 및 결신카드 작성(10분) ⑤ 결신카드 제출 ⑥ 광고 및 축도	
25	오전 9:20	총무분과	① 2부 예배 참석자 접수 마감 ② 접수함 개봉 후 초청장 수거 및 분류 작업, 인원 체크 ③ 초청장 별도 보관	손광○

일	시간	분과	주요내용	담당자
25	오전 9:50	안내분과	① 고창○ 목사의 방송 지시와 안내위원의 통제에 따라 본당 2층 우측 좌석 맨 뒷줄부터 차례로 퇴장 ② 안내위원의 통제에 따라 질서 있게 퇴장하되, 넘어지지 않도록 주의하며 양방향으로 퇴장 ③ 1층 외부로 퇴장한 초청자는 안내위원의 안내에 따라 교회 본당 앞 주차 공간에 마련되어 있는 기념품 증정 장소에서 스티커를 반납하고 기념품과 선물세트를 수령한 후 차량위원의 안내에 따라 버스정류소에서 미리 준비되어 있는 버스에 승차	고재○
25	오전 10:00	안내분과	① 예배의 지연과 미리 도착한 3부예배의 참석자들의 편의를 위하여 교회 좌측면에 있는 대기석으로 안내, 질서정연하게 대기하도록 안내하되 초청장 접수와 스티커 부착은 미리하여 둠 ② 2부 예배 참석자들이 대부분 퇴장하기까지 기다렸다가 좌측 문부터 입장토록 함	고재○
25	오전 10:10	안내분과	① 3부 예배 초청자는 안내위원의 지시에 따라 초청장 접수, 스티커 부착 후 각 예배 지정석으로 안내한 후 착석 ② 나머지 순서는 2부 예배와 동일하며 각 예배실 안내위원과 결신서 작성 도우미들은 본당 목사님 지시에 따라 신속하게 처리해야 함	고재○
25		총무분과	① 초청장과 스티커 배포 숫자가 일치할 수 있도록 관리에 철저를 기해야 하며, 초청장의 분실을 막기 위해 사무실에 별도 보관 후 키를 잠근다. ② 결신서는 본교회 등록과 아울러 앞으로 양육하고 관리해야 하는 중요한 자료가 되므로 반드시 별도 보관하고 양육분과에 이관한다.	손광○
25	오전 10:30	3부예배		
25	오전 10:50	총무분과	3부 예배 참석자 접수 마감	손광○
25	오전 11:20		3부 예배 참석자 퇴장	
25	오전 11:30		4부 예배 참석자 입장	
25	오전 11:50	4부예배		
25	오후 1:00	총무분과	4부 예배 종료 2~4부 초청자 확인 체크 보고	손광○
25	오후 6:00	안내분과	5부 예배 초청자, 초청장 접수 및 스티커 부착	고재○
25	오후 8:00	총무분과	2~5부 초청자 확인 및 결신자 확인 보고	손광○

교구별 D-day 예상 및 확정 인원 현황

구분	교구	1	2	3	4	5	6	7	8	9	10	11	청년	대학	고등	중등	총계
3/30	예상																
	확정																
4/6	예상																
	확정																
4/13	예상																
	확정																
4/20	예상																
	확정																
4/27	예상																
	확정																
5/4	예상																
	확정																
5/11	예상																
	확정																
5/18	예상																
	확정																
19	확정																
20	확정																
21	확정																
22	확정																
23	확정																
24	확정																
총계	예상																
	확정																

T-5 전도 운동 결과 집계

1) 교구별 달란트 총계 및 등수

지역	교구 및 교구장	4월 평균	5월 평균	T-5 총 전도 수	등반 수	달란트 총계	전체 순위
여호수아 공동체	제1교구 (김영○ 장로)						
	제2교구 (윤일○ 집사)						
	제3교구 (강해○ 집사)						
	제4교구 (오경○ 장로)						
	제5교구 (손영○ 집사)						
	제6교구 (남형○ 집사)						
	소계						
바울 공동체	제7교구 (이귀○ 장로)						
	제8교구 (손광○ 집사)						
	제9교구 (조홍○ 집사)						
	제10교구 (장수○ 집사)						
	제11교구 (정부○ 집사)						
	소계						
총계							

2) 권찰 등수(구역 달란트 합산)

    1등: 2등 :   3등: 4등:

    5등: 6등 :   7등: 8등 :

    9등: 10등 :

3) 개인별 전도 현황

    ① 200명 이상: ② 150명 이상: ③ 100명 이상: ④ 50명 이상:

4) T-5 전도 운동 교구별 달란트 집계 현황

월 주 교구	3월 30일 (1주)	4월 6일 (2주)	13일 (3주)	20일 (4주)	27일 (5주)	5월 4일 (6주)	11일 (7주)	18일 (8주)	25일 (9주)	누계
1										
2										
3										
4										
5										
6										
7										
8										
9										
10										
11										
갈렙										
다니엘										
고등부										
중등부										
주별 합계										

5) T-5 전도 운동 교구별 달란트 집계 그래프

6) T-5 전도 운동 주일 예배 출석 현황

구분		주차	1주	2주	3주	4주	5주	6주	7주	8주	9주 (D-day)
		월	3	4				5			
		일	30	6	13	20	27	4	11	18	25
주일 낮 예배	1부	남									
		여									
		소계									
	2부	남									
		여									
		소계									
	3부	남									
		여									
		소계									
	4부	남									
		여									
		소계									
	합계										
주일 밤		남									
		여									
		합계									
새가족											

7) T-5 전도 운동 개인 전도 현황

이름	전도 수	이름	전도 수	이름	전도 수	이름	전도 수
홍길갑							
홍길난							
홍길달							
홍길람							
					홍길영		
홍길만							
홍길봉							
홍길순							

T-5 전도 운동 기타 양식 및 유인물

1) 전도 대상자 작정 카드

T-5 전도 운동
전도 대상자 작정 카드

_____ 교구 _____ 구역   성명: _____

※ T-5 전도 운동 기간 동안 전도하여 데려올 분들의 이름을 적어 주십시오.

번호	작정자 이름	주소	전화	비고
1				
2				
3				
4				
5				
6				
7				
8				
9				
10				

위의 사람을 T-5 전도 운동 기간에 힘써 전도하기로 약속합니다.

2003년 4월

작정자   ㉑

2) T-5 전도 운동 결신자 카드

결신카드

※ 이 표에 기록하여서 안내원에게 제출해 주세요.

2003년 5월 25일

성 명		(남, 여)	
주 소			
전 화		휴대폰	

● 저는 오늘 이렇게 결심했습니다.　　　● 저는 이전에 이런 경험이 있습니다.
  (✓표 해 주십시오.)　　　　　　　　　　　(✓표 해 주십시오.)

□ 예수 믿기 원합니다.　　　　　　　□ 어릴때 교회 다닌 적이 있습니다.
□ 예수에 대해 알기 원합니다.　　　　□ 세례(또는 학습)을 받았습니다.
□ 저희 집에 방문해 주시기 원합니다.　□ 교회는 오늘이 처음입니다.
□ 목사님을 뵙고 상담하고 싶습니다.　□ 가족 중에 신자가 있습니다.
　　　　　　　　　　　　　　　　　　□ 성경을 읽어 본 일이 있습니다.

● 해당되는 곳에 ✓표를 해주세요.　　● 오늘 이곳에 오게 된 이유는?

□ 중학생　□ 고등학생　　　　　　　① _____ 씨의 권유로
□ 대학생　□ 미혼자(청년 남,여)　　　② 전도지를 보고서
□ 장 년　□ 노 년　　　　　　　　　③ 스스로

대한예수교장로회
○○교회
담임목사 ○ ○ ○
부산광역시 ○구 ○○동 000-0번지

3) T-5 전도 운동을 위한 특별 감사헌금 봉투

T⁵ 전도 운동을 위한 헌금

"강권하여 데려다가
내 집을 채우라" (눅14:23)

교구 구역	
이 름	
금 액	원
작 정	원

○○교회

4) T-5 전도 운동 협조 공문

① 지역 경찰서 협조 공문

협조문

- 수신: ○○경찰서 경비교통과 교통지도계
- 발신: ○○교회
  (☎ 332-0000, 담당: 고창○ 목사 019-517-0000)
- 제목: 교회 행사로 인한 주변 도로 교통 지도 협조 건

할렐루야!
주님의 이름으로 귀서에 문안합니다.
금번 저희 ○○교회에서 5월 25일(日)에 교회 전도 행사를 실시합니다. 이로 인해 주변 도로에 대형 버스 등으로 인한 교통 체증이 예상되어 협조를 요청합니다.

1. 일시: 2003년 5월 25일
2. 시간: 1부 - 오전 7시
         2부 - 오전 9시
         3부 - 오전 10시 30분
         4부 - 오전 11시 50분
3. 예상 인원: 약 2,500~3,000명
4. 장소: ○○동 ○○마을 입구 도로변(○○교회 앞)
5. 요청 건: 예배 시간 전후로 도로 입구 교통 지도 및 안내
           대형 버스 주변 도로 정차 허가 문제

부산시 ○구 ○○동 000-0번지 ☎ 051)332-0000, 363-0000

대한예수교장로회 ○○교회
담임목사 ○○○

② 지역 중학교 협조 공문

협조문

- 수신: ○○중학교 학교장
- 참조: ○○중학교 행정실
- 발신: ○○교회
  (☎ 332-0000, 담당: 고창○ 목사 019-517-0000)
- 제목: <u>교회 행사로 인한 주차장 사용 협조 건</u>

할렐루야!

주님의 이름으로 귀교에 문안합니다. 금번 저희 ○○교회에서 5월25일(日)에 교회 전도 행사를 실시합니다. 이로 인해 많은 차량의 주차가 필요하여 이에 귀교의 운동장을 임시주차장으로 사용하도록 협조를 요청합니다.

1. 일시: 2003년 5월 25일
2. 시간: 1부 – 오전 7시
         2부 – 오전 9시
         3부 – 오전 10시 30분
         4부 – 오전 11시 50분
3. 예상 인원: 약 1,500~2,000명
4. 주차장 사용 시간: 오전 10시~오후 2시
5. 주차장 예상 차량: 80여 대(본 교회 50대, ○○중학교 30대)

부산시 ○구 ○○동 000-0번지 ☎ 051)332-0000, 363-0000

대한예수교장로회 ○○교회
담임목사 ○○○

5) T-5 전도 운동 차량 운행 시간표

T-5 전도 운동 D-day 교회 차량 운행 시간표

◎ 주일낮 예배(1부): 금○ 방면(2호차: 박영○ 집사 ☎ 016-563-0000)
1단지(6:15) ➡ 3단지(6:17) ➡ 2단지(6:20) ➡ 7단지(6:22) ➡ 4단지(6:23) ➡ 6단지(9:25) ➡ 벽산 105동(6:30) ➡ 경남아파트(6:32) ➡ 코오롱아파트(6:35) ➡ 그린아파트(6:36) ➡ 우신아파트 ➡ (6:38) ➡ 대림아파트(6:45) ➡ 교회 도착

◎ 주일낮 예배(1부): 금○주공 4단지(1호차: 김종○ 집사 ☎ 018-681-0000)
양○훼미리(6:20) ➡ 금○ 2단지(6:28) ➡ 금○ 7단지(6:30) ➡ 금○ 4단지(6:33) ➡ 벽산아파트(6:40) ➡ 교회 도착

◎ 주일낮 예배(1부): 화○주공 방면(12인승: 남형○ 집사 ☎ 011-9547-0000)
○○초등학교(6:30) ➡ 39동(6:35) ➡ 47동 앞(6:40) ➡ ○○초등학교 앞(6:45) ➡ 수○마을아파트(6:50) ➡ 교회 도착

◎ 주일낮 예배(1부): 화○신도시 방면(3호차: 박신○ 성도 ☎ 017-543-0000)
리버○아파트(6:30) ➡ 대우리○파크(6:36) ➡ 롯데낙천대(6:38) ➡ 코오롱하늘채(6:40) ➡ 교회 도착

※ T-5 전도 운동 당일(D-day)에는 본교회 교인들을 대상으로 한 1부 및 5부 예배 시만 교회 차량 운행을 실시합니다. 나머지 2부에서 4부 예배는 교구별로 섭외된 차량을 이용하시기 바랍니다.
※ 기타 차량에 관한 문의는 차량위원회로 문의 바랍니다.
   차량위원장: 오경○ 장로(363-0000), 총무: 신경○ 집사(011-558-0000, 363-0000)

2장
여리고 전도 축제
(2004년 3월 28일~5월 23일)

1. 새생명 잔치 여리고 전도 축제란?

2004년 3월 28일부터 5월 23일까지 9주간 개최된 '새생명 잔치 여리고 전도 축제'는 전도 축제의 교과서와 같은 의미를 갖고 있습니다. 하늘샘교회의 전도 축제는 어느 날 갑자기 새롭게 시작하는 축제가 아니라 1999년부터 계속되어 온 진행형 성장형 스토리에 의해 연결되어진 '2030 프로젝트'의 실현이라고 할 수 있습니다.

2003년 T-5 전도 축제를 통하여 우리는 모두 한 달란트의 비겁한 소유자가 아니라 다섯 달란트(마 25:14~30)를 가진 성공한 사람이라는 것을 확신하였습니다. 이제는 다섯 달란트뿐만 아니라 우리 교회 앞에 놓여 있는 거대한 아파트 단지라는 여리고성을 우리의 밥으로 여기는 '두 명의 정탐군'이라는 사실을 알게 되었습니다.

그리하여 2004년의 전도 축제는 시작하기도 전에 성공할 것이라는 확신이 모두에게 있었습니다. 1999년에 70명에 지나지 않았던 화명동의 작은 교회가 2003년에 T-5를 통하여 700명을 넘어서자 2004년에 1,000명을 달성할 것이라는 기대감은 모든 성도들에게 감격으로 다가왔으며, 그것은 경이롭게도 현실이 되었습니다.

철저하게 준비된 축제 기획서와 일체감 있게 진행되는 실행력은 성도들에게 놀라울 정도로 강력한 성령의 역사가 있었으며, 우리 모두가 그 증인이 되었습니다. 한때 폐기물 매립장이었고 화전민들의 생활 터전이었던 화명동에서 1974년에 교회의 터전을 세운 후 언제나 동네 사람들의 사랑방으로 전락해 있었습니다.

그러던 1999년에 새로운 리더가 던진 한마디, "우리도 할 수 있다! 일단 한 번 해 보자!"라는 구호와 함께 시작된 전도 축제의 바람은 제2의 개척 5년 만에 1,000명의 교회로 성장하는 계기가 되었습니다. 갈릴리 호수에 던져 놓은 그물처럼 전도를 나가기만 하면 전도가 되는 기적 같은 역사는 전도 축제 선포식이 있었던 첫 주부터 9주 동안 계속되었습니다.

D-DAY 당일에는 1,580명이 등록하여 10부 예배를 드려야 할 정도로 성령의 역사는 강하게 휘몰아쳤습니다. 그 결과, 9주 동안 등록자는 4,326명에 달하였으며, 비좁은 교회당으로 인해 1년 내내 북부경찰서에서 나와 교통 통제를 해야 할 정도로 주일은 도로가 마

비되었습니다.

전도 축제에 있어서 가장 큰 힘은 '예배의 회복'과 '하나 되는 기도 운동'입니다. 예배 공동체의 치유와 회복을 통하여 성도는 전도라는 한 방향으로 향하게 되며, 기도를 통하여 강한 성령의 역사가 역동적으로 움직이면서 우리 모두를 강하고 담대한 정예 군인으로 무장하게 만들었습니다. 이를 통해 가는 곳마다 예비된 영혼들을 만나게 되었고, 수많은 사람들을 하늘샘교회로 이끌어 내는 원동력이 되었던 것입니다.

지금 교회에 70명이 아니라 12명의 성도가 남아 있을지라도 프로젝트를 다시 세우고 여리고 전도 축제 기획서를 몇 번이고 읽어 보십시오. 그리고 이러한 전도 축제의 바이러스를 모두에게 감염시키십시오. 마지막까지 남아 있는 소수의 성도들은 결코 10명의 패배자가 아니라 2명의 승리자이며, 하늘의 무수한 별과 같은 하나님의 자녀입니다.

2. 2004 새생명 잔치 여리고 전도 축제의 기획

여리고 전도 축제에 대한 개요

1) 명칭: 2004 새생명 잔치, 여리고 전도 축제
2) 기간: 3월 28일(주일)~5월 23일(주일)까지(총 8주 57일간)
3) 세미나 및 훈련
 · 교역자 세미나 및 워크숍
  - 3월 3일(수) 오전 10:00~오후 3:00
 · 교구장, 지구장, 권찰, 중·고·대·청 부장 세미나 및 워크숍
  - 3월 10일(수), 11일(목) 오후 7:30~10:00
4) 선포식: 3월 28일(주일) 1·2부 예배 시
5) 총동원일(D-day): 2004년 5월 23일(주일)
6) 당일 예배 시간 안내 (총 10부 예배)

- 1부 - 오전 7시(새벽기도 및 주일낮 예배, 본 교회 교인들 중심) - 할렐루야찬양대
- 2부 - 오전 9시 30분
- 3부 - 오전 11시
- 4부 - 오후 12시 30분
    - ※ 4 - 2부(노인부) - 1지구 1반~3반, 장소: 식당(설교: 고창○ 목사)
    - ※ 4 - 3부(노인부) - 1지구 4반~7반, 장소: 제1교육관(설교: 황대○ 목사)
    - ※ 5 - 1부(노인부) 오후 1시 30분 - 3지구, 장소: 식당(설교: 고창○ 목사)
    - ※ 5 - 2부(노인부) 오후 1시 30분 - 2지구 · 4지구, 장소: 제1교육관(설교: 황대○ 목사)
- 6부 - 오후 2시 30분(중등부 · 고등부 · 대학부 예배)
    - 1시 50분부터 찬양(※ 외부 강사 초빙)
- 7부 - 오후 6시(온맘찬양대) - 시온찬양대
    - ※ '가족콘서트' - CCM 가수 4U 초청)
    - ※ 유치 · 유년 · 초등부는 오후 4시

7) 전도 목표: 1,700명(±40명)
- 전도 인원 910명: 교구당 70명×13개 교구
- 노인부 350명(3-1 · 2부 예배, 기념품 + 간식)
- 중 · 고등부 300명: 150명×2개 부서, 기존 학생 포함
- 대학부 90명: 기존 대학부 포함
- 청년회 90명: 기존 청년회 포함

8) 주제 성구 : "그와 그에게 속한 모든 것을 이끌어 내라!"(수 6:22)

9) 전도 구호 제창: 나가자! 전하자! 채우자!

10) 주제가: 「여리고 전도 축제가」

11) 장소: ○○교회(본당) ☎ 332-0000, 336-0000

2004년도 교구 편성 인원 및 목표 달성 인원

	교구	1	2	3	4	5	6	7	총계
갈나벳	편성 인원								
	목표 달성 인원	70명	70명	70명	70명	70명	70명	70명	490명
예가	교구	8	9	10	11	12	13		총계
	편성 인원								
	목표 달성 인원	70명	70명	70명	70명	70명	70명		420명
기관	교구	노인부	청년회	대학부	고등부	중등부			총계
	편성 인원								
	목표 달성 인원	350명	90명	90명	150명	150명			830명
	총 목표 수	1,700명(±40명)							

여리고 전도 축제의 목적과 10대 기도 제목

1) 여리고 전도 축제의 목적

① 여리고 정복을 재현하자!

(구약 - 여호수아 시대 여리고 정복을 재현하는 데 있다)

② 교회당을 채우자!(JUMP 900~1,000명 돌파) - 30주년 기념

③ 전 교인의 일치와 단합을 이루자!

④ 화○, 금○, 덕○동의 복음화를 이루자!(장단기적)

⑤ 내 가정의 복음화를 이루자!

⑥ 내 구역과 교구의 배가를 이루자!

⑦ 영성 회복과 그리스도의 사랑을 실천하자!

⑧ 결신자 1/10을 얻기 위해서(결신자 150명을 주옵소서!)

2) 여리고 전도 축제의 10대 기도 제목

① 여리고성(화○, 금○, 덕○동)을 정복하게 하옵소서!(지역 복음화)

② 개인의 영적 부흥과 교회 성장이 이루어지게 하옵소서!

③ 총 10부 예배까지 빈자리가 없게 하옵소서!

④ 구역과 교구(기관) 목표가 달성되게 하옵소서!
⑤ 결신자 1/10(150명)을 주옵소서!
⑥ 온 성도가 두 가지 이상으로 섬기며 헌신하는 전도 축제가 되게 하옵소서!
⑦ 온 성도가 기쁨으로 순종하고 전도에 앞장서게 하옵소서!
⑧ 모든 부서가 완벽하게 준비하게 하옵소서!
⑨ 목사님의 은혜로운 말씀과 건강을 주옵소서!(좋은 날씨와 안전사고)
⑩ 마귀의 시험이 없게 하옵소서!

전도 대상자 설정 및 전도 주제 찬송

1) 전도 대상자 설정

- 불신 가족 및 친척
- 이웃 사람
- 반상회원
- 직장 동료들
- 배달원(우유, 신문, 야쿠르트 등)
- 자모회, 학부모회
- 학교, 학원, 유치원 교사
- 취미 교실, 스포츠 교실, 클럽 회원
- 조금이라도 안면이 있는 사람
- 주변 가게
- 병원, 은행 직원
- 믿다가 낙심한 자
- 한 번이라도 교회 출석했던 사람
- 세입자나 임대인
- 친구, 동창생, 선후배, 고향 사람
- 외판원(화장품, 미용사원)
- 단골손님
- 경로당 어른들
- 파출소, 동사무소 직원, 군인(공익근무 요원)
- 기숙사 사원 초청
- 거래처
- 거리에서 만난 사람들

2) 주제가: 「여리고 전도 축제가」(찬송가 505장 「온 세상 위하여」 개사곡)

1절) ○○교회성도 주 명령 따라서 여리고 성을 향해 전진하며 나가자
영혼 사랑하며 전진하며 나가자 오월이십삼일 천칠백명 다같이 채우자
후렴) 나가자 전하자 교구(기관) 목표 채우세 마음정성 모두 합하여 그 사랑 전하자

2절) 오직성령충만 큰 권능 받아서 여리고 성을 향해 전진하며 나가자
순종하며 나가자 이 복음 전하세 오월 이십삼일 천칠백명 다같이 채우자
후렴) 나가자 전하자 교구(기관) 목표 채우세 마음정성 모두 합하여 그 사랑 전하자

3. 여리고 전도 축제에 대한 세부 계획

1) 여리고 전도 축제 세부 계획

구분	주간	기간	실천사항	내용
준비 단계	1주	2월 23~28일	· 여리고 전도 축제 프로젝트 수립	· 전도 축제의 제반적인 프로그램(담임목사)
	2주	3월 1~7일	· 교역자 세미나 및 지역별 전도 전략 수립 · 홍보용 기획 완료	· 제반적인 업무 기획 완료(스티커, 초청장, 현수막, 행정 등)
	3주	3월 8~11일	· 교구장, 지구장, 기관장(중,고,대,청 부장) 및 권찰 세미나	· 전도 축제 세미나 및 전략 수립
	4주	3월 15~20일	· 여리고 전도 축제 사무 행정 및 인쇄물 완료 (스티커, 현수막, 초청장 등)	· 전도 축제에 관한 제반적인 업무 완료
	5주	3월 26~27일	· 여리고 전도 축제 홍보물 벽보 및 게시판 부착	· 교구별 전도 및 등반 현황 스티커, 현수막 부착
실행 단계	1주	3월 28일	· "2004 새생명 잔치, 여리고 전도 축제"선포식 (스티커, 초청장 및 전도지 3장씩 배부, 전도 축제 프로젝트 책자, 전도 대상자 작정 카드 배부)	· "여리고 전도 소식지" 게재(주보 1면) · 1차 실행위원회 모임(저녁예배 후)
		3월 29일~4월 4일	· 정탐하는 주간(수 2:1) (고난주일)	· 전교인 특별새벽기도회(2주간) 3월 29일~4월 11일 · 전도 대상자 선정 및 제출
	2주	4월 5~11일	· 보고하는 주간(수 2:23) · 정사예배(4/9) · 부활주일(4/11) · 4남 헌신예배(4/11)	3차 실행위원회 모임 전교인 여리고 작전 특별새벽기도회(고난주간) 전도 대상자 선정 완료 및 제출
	3주	4월 12~18일	· 순종의 주간(수 6:10-11) · 전도 세미나(전교인 대상) - 외부 강사	· 4차 실행위원회 모임 · 전도 대상자 채우는 주간(4/18) · 전도 세미나

구분	주간	기간	실천사항	내용
실행 단계	4주	4월 19~25일	· 드리는 주간(수 6:17) · 대학부 헌신예배(4/25)	· 5차 실행위원회 모임 · 전도 물품 헌납 접수(1가정 1점 이상) · 전도 축제 - 전도대상자 출석 예정 및 확정 인원 보고(게시판) · 전도 세미나(4/25)
	5주	4월 26일 ~5월 2일	· 드리는 주간(수 6:17) · 30주년 직분자 장립식(4/28) · ○○노회 SFC(중고등부) 전도찬양집회 파송(어린이주일)	· 6차 실행위원회 모임 · 전도 물품 헌납 접수 계속(1가정 1점 이상) · 전도대상자 출석 예정 및 확정자 게시(교구별)
	6주	5월 3~9일	· 이끌어 내는 주간(수 6:22) · 30주년 기념 전교인 체육대회(어버이주일)	· 7차 실행위원회 모임 · 총력 전도 주간
	7주	5월 10~16일	· 이끌어 내는 주간(수 6:22) · 4여 헌신예배(5/16, 스승의주일)	· 8차 실행위원회 모임 · 총력 전도 주간 · 전도 세미나(5/16) · 기념품 확정
	8주	5월 17~23일	· 총력 전도 주간 · 결신카드 분류 · "가족 콘서트"(CCM 가수 4U 초청)	· 교회 대청소 실시 · 기념품 준비 · D-day(5월 23일) 총점검
후속 단계	1주	5월 23~29일	· 결신카드별 이슬비 전도편지 발송 (교회 출석 가능자)	· 새가족위원회(편지부)
		5월 30일	· 여리고 전도 축제 각종 시상	· 통계자료
	2주	5월31일~	· 결신자 양육 훈련(신앙의 징검다리, 신앙의 길잡이, 호모수맏돈 성경공부)	· 새가족위원회(양육부)

2) 여리고 전도 축제 점수제 운영(3월 28일~5월 23일까지 57일간)

· 4부분으로 나누어 실행하되, 점수제로 가산하여 실행한다.

ⓐ 예배(주 4회) - 주일낮(5점), 주일저녁(5점), 삼일저녁(5점), 구역예배(5점)

ⓑ 기도 - 전교인 여리고 작전 특별새벽기도회(1회 출석 3점, 2주간),

주일새벽(3점), 심야기도(3점)

ⓒ 전도 및 등반 - 1회 출석(10점), 2회 출석(15점), 3회 출석(15점),

4회 출석 - 등반(20점), 5회 이상 출석(15점씩 매주 가산)

※ 방침

㉠ 괄호( ) 신자도 전도로 인정

㉡ 편성 인원에 없는 사람들은 모두 전도로 인정

㉢ 본 교회 출석한 지 4주 이상(등반) 안 된 분들도 전도한 것으로 새롭게 인정

· 교구별 인원 조정은 최다 편성 인원에 기준하여 그 교구의 과부족 인원만큼 주일낮(5점), 주일저녁(5점)만 가산하여 시작한다.
· 차량 동원은 기존 차량을 그대로 운영하되, 교구 전도를 위하여 인원을 동원할 경우는 그 자체 교구에서 조달하는 것을 원칙으로 한다.

교구 점수 조정표

교구	1	2	3	4	5	6	7	8	9	10	11	12	13	중	고	대	청
편성 인원																	
추가 점수	+60	+50	+40	+80	+30	+90	+80	0	+30	+60	+80	+60	+50				

3) 전교인 여리고 작전 특별새벽기도회 운영(3/29~4/11까지 2주)
   - 시간: 오전 5시   - 장소: 본당
   · 각 교구 및 기관(중·고·대·청)별로 새벽기도회 비상연락망 조직할 것
   · 전화벨 울려주기 운동(※ 불신 남편의 가정은 삼가할 것)
   · 새벽기도회 차량 운행표 조직 및 제작(카풀제 운영)

방면	노선 및 시간
화명동 (3호차)	벽산아파트(4:35) ➡ 경남아파트(4:36) ➡ 코오롱(4:37) ➡ 2차그린 정류소(4:38) ➡ 우신(4:40) ➡ 대림할인마트(4:45) ➡ 교회 도착
금곡 (1호차)	양○훼미리(4:32) ➡ 1단지(4:38) ➡ 2단지(4:39) ➡ 7단지(4:41) ➡ 4단지(4:42) ➡ 모델하우스(4:45) ➡ 리버○1차(4:49) ➡ 대우리버, 롯데낙천대(4:50) ➡ 코오롱 육교(4:52) ➡ 교회 도착

· 새벽기도회 찬양대 운영
   (※ 특별새벽기도회 기간은 금요심야기도회 생략)
   • 3월 29일(월): 8교구   • 4월 5일(월): 1교구
   • 3월 30일(화): 9교구   • 4월 6일(화): 2교구
   • 3월 31일(수): 10교구   • 4월 7일(수): 3교구
   • 4월 1일(목): 11교구, 12교구 • 4월 8일(목): 4교구
   • 4월 2일(금): 13교구   • 4월 9일(금): 5교구

- 4월 3일(토): 중·고·대·청년회
- 4월 4일(주일): 고난주일(시온찬양대)
- 4월 10일(토): 6, 7교구
- 4월 11일(주일): 부활주일(할렐루야찬양대)

4) 각종 시상(5월 30일, 주일)
- 교구장
    ⓐ 목표달성상 - 교구별 70명 목표(D-day, 5월 23일에만 해당)
    ⓑ 최다점수상 - 교구 1, 2, 3 등(교구 총 점수로 환산)
- 권찰
    ⓐ 최다점수상 - 구역 1~10등까지(구역 총 점수로 합산)
- 개인
    ⓐ 전도상
      - 전도왕(특상) - 250명 이상
      - 면류관상 - 200명 이상
      - 스타상 - 150명 이상
      - 충성상 - 100명 이상
      - 열심상 - 50명 이상
      - 노력상 - 30명 이상
      - 선한상 - 5명 이상
    ⓑ 등반상 - 1, 2, 3, 4, 5등까지

5) 여리고 전도 축제에 대한 예산

수입)
- 여리고 작전 전교인 특별새벽기도회 헌금
- 교회 성장비
- 교회 예비비(경상비)

지출)
- 현수막: 60,000원
- 벽보 제작 인쇄비(기도 제목, 현황판): 300,000원
- 초청장 및 스티커 제작비: 270,000원
- 교구장 시상

- 목표달성상(70명 또는 기관별 목표 달성): 540,000원(18명; 교구장 13명+노인부, 중·고·대·청 각 5명×3만=)
  - 교구 최다 점수상(1, 2, 3등): 240,000원(10만, 7만, 7만)
- 권찰 시상
  - 최다점수상(1~10등까지): 690,000원

    1등(10만), 2, 3등(16만=8만×2명)

    4~6등(21만=7만×3명)

    7~8등(12만=6만×2명)

    9~10등(10만=5만×2명)
- 개인전도상: 800,000원
  - 전도왕(특상, 250명 이상)
  - 면류관상(200명 이상)
  - 스타상(150명 이상)
  - 충성상(100명 이상)
  - 열심상(50명 이상)
  - 노력상(30명 이상)
  - 선한상(5명 이상)
- 기념품비(1,700명): 5,100,000원(개당 1,700원×3천 원)
- D-day(5월 25일) 차량 안내위원 간식비(빵, 우유): 300,000원
- 외부 강사 사례: 200,000원
- 강사 접대비(담임목사 외 다수): 200,000원

  ※ 여리고 전도 축제 애드벌룬 설치: 500,000원(별도 예산)

총계: 8,700,000원

일정 진행 계획

구분		일자	2월 23일 월	2월 28일 토	2월 29일 주	3월 1일 월	3월 7일 주	3월 10일 수	3월 11일 목	3월 15일 월	3월 20일 토	3월 26일 금	3월 27일 토	3월 28일 주	3월 29일 월	3월 30일 화	3월 31일 수	4월 1일 목	4월 2일 금	4월 4일 주	4월 5일 월	4월 6일 화	4월 7일 수	4월 8일 목	4월 9일 금	4월 11일 주	4월 12일 월	4월 13일 화
예배		주일낮 예배(5)												■						■						■		
		주일밤 예배(5)												■						■						■		
		삼일밤 예배(5)															■							■				
		구역예배(3)																			■	■	■	■	■			
기도		특별새벽기도회(3)												■	■	■	■	■	■	■	■	■	■	■	■	■		
		주일 새벽기도회(3)												■						■						■		
		금요 심야기도회(3)																							■			
전도		전도(10)												■	■	■	■	■	■	■	■	■	■	■	■	■	■	■
		등반(20)																										
		릴레이 전도			■		■			■				■					■			■				■		
		화목 전도팀																	■					■			■	
준비 단계		프로젝트 수립	■	■																								
		교역자 세미나, 전략 수립				■																						
		세미나 및 전략 수립							■																			
		사무 행정 및 인쇄 완료									■																	
		홍보물 벽보, 게시판 부착											■															
실행 단계		전도 축제 선포식																										
		정탐하는 주간												■	■	■	■	■										
		보고하는 주간																	■	■								
		순종의 주간																								■		
		드리는 주간																										
		드리는 주간																										
		이끌어 내는 주간																										
		이끌어 내는 주간																										
		총력 전도 주간																										
후속 단계		결신카드 및 편지 발송																										
		30주년 전교인 체육대회																										
		전도 축제 각종 시상																										
		결신자 양육 훈련																										

			4															5														
14	15	16	18	19	20	21	22	23	25	26	27	28	29	30	2	3	4	5	6	7	9	10	11	12	13	14	16	17	18	19	20	21	23	26	29	30	31
수	목	금	주	월	화	수	목	금	주	월	화	수	목	금	주	월	화	수	목	금	주	월	화	수	목	금	주	월	화	수	목	금	주	수	토	주	월

여리고 전도 축제를 섬기는 분들

· 대회장: 정은○ 목사
· 진행위원장: 고창○ 목사, 황대○ 목사
· 고문: 김영○, 박윤○, 오경○, 이귀○, 이봉○ 장로
· 실행위원: 김정○, 김호○, 조홍○, 김행○, 강해○, 추재○, 신경○, 김성○, 고재○, 김정○, 정부○, 손광○, 루디○, 정희○, 이은○

※ 전도 축제 실행위원은 전교인 체육대회 준비위원을 겸합니다.

1) 총무부
 · 부장: 고창○ 목사
 · 차장: 오경○ 장로
 · 부원: 손광○, 권영○, 김철○, 최선○, 조대○, 김치○, 손일○, 윤용○, 윤영○, 김쌍○, 김숙○, 김정○, 도선○
 · 업무
  ① 여리고 전도 축제에 관한 제반적인 업무를 총 관장함(전도지, 초청장, 스티커, 로고 제작)
  ② 실행위원들을 관리하고 각 부서의 원활한 업무가 이루어지도록 지원.
  ③ 전도 현황판 제작 및 관리와 통계를 분석하고 제반적인 업무를 담임목사에게 보고한다.
  ④ 여리고 전도 축제에 관한 소식지를 매주 주보지 1면에 게재(칼럼 대신)

2) 기도 및 전도부
 · 부장: 황대○ 목사
 · 차장: 김영○ 장로
 · 부원: 김종○, 남형○, 노정○, 고재○, 조상○, 김철○, 조원○, 허의○, 백영○, 김필○, 구하○, 손영○, 오정○, 정현○, 홍혜○, 김외○, 이춘○, 이정○, 이희○, 장덕○, 이진○, 드보○ 전도사

· 업무

　① 여리고 작전 전교인 특별새벽기도회(3/29~4/11까지 14일간)

　② 금요 심야기도회(4/16, 4/23, 4/30, 5/7, 5/14, 5/21 6회)

　　※ 금요 정사예배: 4월 9일 저녁 8시

　③ 주일 새벽기도회(4/4, 4/11, 4/18, 4/25, 5/2, 5/9, 5/16 7회)

　④ 교회 홍보지 및 전도지 배부

　⑤ 초청장 및 스티커 배부

　⑥ 노방전도 및 축호 전도대 배부(화 · 목 전도대)

　⑦ 교구별 릴레이 전도

3) 예배부

· 부장: 김정○ 집사

· 차장: 김호○ 집사

· 부원: 윤일○, 김경○, 이재○, 김병○, 정연○, 이정○, 오갑○, 황경○, 박정○, 우경○, 이정○, 최현○, 이제○, 이성○, 이정○, 여수○ 전도사

· 업무

　① 예배실 준비 및 장식(본당, 중3층, 유아실까지)

　② 강단 장식

　③ 앰프 설치

　④ 프로젝터 스크린 설치 및 녹화

　⑤ 결신 카드 작성(볼펜 준비) 지원 및 수거

　⑥ 좌석 안내

4) 홍보부

· 부장: 조홍○ 집사(피택장로)

· 차장: 김행○ 집사

· 부원: 이용○, 김성○, 라영○, 이현○, 장유○, 이승○, 최인○, 박남○, 권준○, 류호○, 박숙○, 석숙○, 정인○, 하복○, 이정○, 정희○, 강주○, 조옥○, 모혜○, 김필○, 구영

○, 주정○, 오옥○, 장미○
· 업무

① 현수막 제작

② 차량 홍보용 스티커 및 시트지 제작

③ 피켓 준비

④ 게시판 일자 표시(예: "앞으로 20일 남았습니다")

⑤ 인터넷 및 교회 홈페이지(이재○ 집사, 이제○ 형제)

⑥ 애드벌룬 설치(※ 홍보부에서 구입 요망)

5) 시설관리부

· 부장: 강해○ 집사

· 차장: 추재○ 집사

· 부원: 정성○, 이재○, 박영○, 김은○, 김은○, 조정○, 조성○, 이상○, 김대○, 노정○, 김상○, 김숙○, 김영○

· 업무

① 행사에 관한 제반적인 시설 설치 및 관장

② 식당에 음향 시스템 설치

③ 의자 보충

④ 화장실 점검

⑤ 기념품 배부

⑥ 교회 대청소 관장(5/17~22 중에 택일하여 담임목사에게 보고)

· 교회 외벽 청소

· 교회 내부 청소

6) 차량부

· 부장: 신경○ 집사

· 차장: 김성○ 집사

· 부원: 강해○, 남형○, 이현○, 김은○, 김원○, 김진○, 김종○, 이상○, 정성○, 이필○

· 업무

　① 홍보용 차량 운행

　② 운송 차량 최대 확보(1~10부까지)

　③ 차량 안내

　④ 주차장 점검 및 차량 안내위원 배치(※ ○○중학교 교직원 주차장 협조문)

　⑤ 호각 및 차량 지시봉 준비

　⑥ 유니폼에 스티커 부착("여리고 전도 축제")

　⑦ 교회 외곽 질서 및 안내 전담

　⑧ 지역 경찰서 협조

7) 안내부

· 부장: 고재○ 집사

· 차장: 김정○ 집사

· 부원: 양기○, 문창○, 서봉○, 김효○, 박래선, 유봉○, 박원○, 박재○, 박정○, 안원○, 허진○, 이정○, 김종○, 천선○, 김은○, 박금○, 서순○, 박은○, 문현○, 김경○, 유금○, 이경○, 이계○, 이명○, 이숙○, 이영○, 이정○, 정연○, 정분○, 정순○, 조현○, 진현○, 최정○, 손희○, 하정○, 허의○, 한회○

· 업무

　① 1부에서 10부까지 효과적으로 안내를 담당

　② 안내 위치: 차도, 본당 1층 내·외부, 1층 로비, 2층 계단, 2층 본당 입구, 3층 계단, 중3층 내부, 식당(노인부 4-2, 5-1), 제1교육관(노인부 4-3, 5-2)

　③ 안내위원은 통일된 복장(목도리 혹은 기타)으로 안내할 것

　④ 안내 교육을 실시하여 밝은 미소, 봉사 정신으로 안내할 것

　⑤ 안내도 제작

　⑥ 의약품 준비(※ 담당: 서태○ 집사, 남성○ 집사, 이경○ 간사)

8) 재정부

· 부장: 이귀○ 장로

· 차장: 박윤○ 장로, 정부○ 집사
· 부원: 손영○, 최소○, 김종○, 장수○, 정국○, 임명○, 한정○
· 업무: 여리고 전도 축제에 소용되는 제반적인 재정을 지원하고 재정 부족 시에 자금 조달을 책임진다.

9) 양육부
  · 부장: 이봉○ 장로
  · 차장: 손광○ 집사, 루디○ 전도사
  · 부원: 새가족위원회(이슬비 전도편지부, 양육부)
  · 업무
    ① 양육 훈련("신앙의 징검다리" 5주, "신앙의 길잡이" 7주, "호모수만돈 성경공부" 14주 실시)
    ② 결신자 카드 회수 및 분류 작업, 이슬비 전도편지 발송
    ③ 심방 및 기관에 지원

10) 간식부
  · 부장: 루디○ 전도사
  · 차장: 정희○ 집사(피택권사)
  · 부원: 김정○, 허의○, 박종○, 이숙○, 이은○, 조영○, 조현○, 최경○, 하정○
  · 업무
    ① 강사 목사님의 간식 및 식사를 조달
    ② 안내 및 차량 위원회 간식을 조달

교구장, 지구장, 권찰, 기관장 세미나 프로그램

· 일시: 2004년 3월 10일(수), 11일(목) 오후 7시 30분
· 장소: 본당

※ 프로그램 순서

일자 \ 구분	시간	프로그램	담당	비고
3월 10일(수)	오후 7:30~8:30	수요저녁예배	부목사	
	8:30~8:50	찬양(복음성가)		복사물
	8:50~9:30	"2004 새생명 잔치, 여리고 전도 축제"에 관한 개요 설명	정은○ 목사	유인물
	9:30~9:40	Tea Time(간식)		
	9:40~10:00	기도회	고창○ 목사	10대 기도 제목
3월 11일(목)	오후 7:30~7:50	찬양(복음성가)		복사물
	7:50~8:00	"여리고 전도 축제"를 섬기는 분들과 업무 수행 요령	정은○ 목사	유인물
	8:00~8:20	Tea Time(간식)		지역별 (갈나벳, 예가)
	8:20~9:20	지역별 전략 수립(워크숍)	고창○ 목사	제2교육관
			황대○ 목사	본당
	9:20~9:50	전략 발표	대표자	본당
	9:50~	기도회	고창○ 목사	10대 기도 제목

4. 여리고 전도 축제의 각종 서식

여리고 전도 축제 마크 및 로고 디자인

① 마크는 '여리고' 이니셜을 형상화해서 제작되었다.
② 성벽 모양의 봉우리는 7개인데, 이스라엘 백성들이 여리고성을 정복하기 위하여 7일 동안 돌았던 것을 상징한다.
③ 마크의 회오리 모양의 화살은 여리고성을 도는 이스라엘 백성들의 순종을 의미하며, 마침내 여리고성을 뛰어넘어 정복함을 의미한다.
④ 마크의 기본 색상인 회색(■)과 청색(■)은 차갑고 냉랭한 이 세대를 의미하며, 이와 상대적으로 붉은색(■)을 사용하여 우리의 복음에 대한 열정(뜨거움)을 나타냈다.

여리고 전도 축제가 (찬송가 505장 「온 세상 위하여」 개사곡)

1. ○○교회 성도 주 명령따라서 여리고성을 향해전진 하며나가자 영-혼 사랑하며 전진하며나가자 오월 이십삼일 천 칠백명 다같이 채우자 나가자 전하자 교구 목표채우-세 마음정성모두 합하여 그 사랑전하자
2. 오직 성령충만 큰 권능받아서 여리고성을 향해전진 하며나가자 순종하며나가서 이-복음전하세 오월 이십삼일 천 칠백명 다같이 채우자 (기관)

여리고 전도 축제 홍보물 안내

1) 현수막(※ 본당, 외부 - 2장)

2) 10대 기도 제목 (※ 본당 부착)

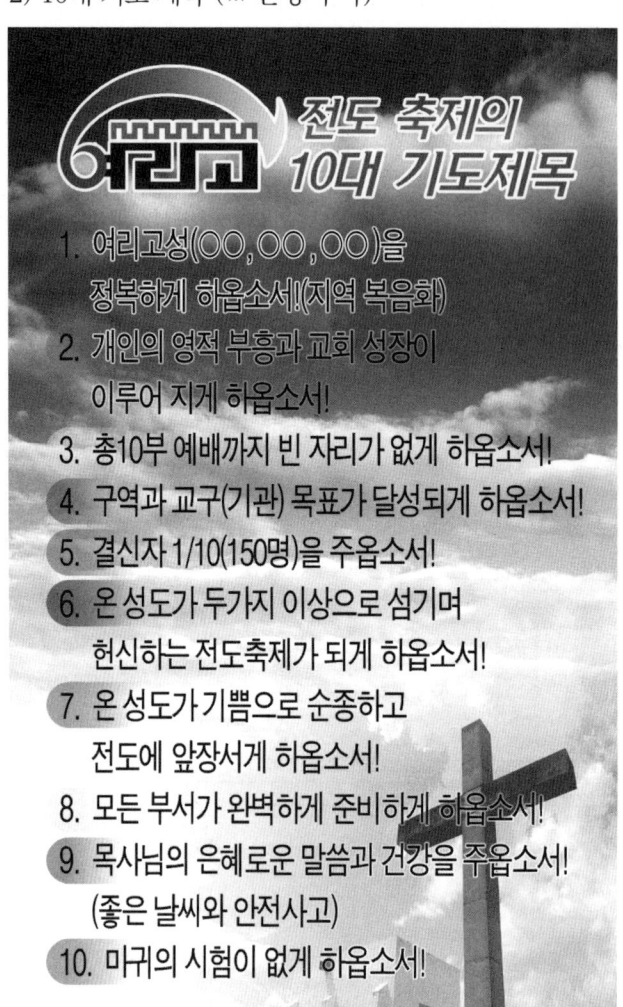

3) 홍보용 스티커, 환영 스티커

4) 초청장

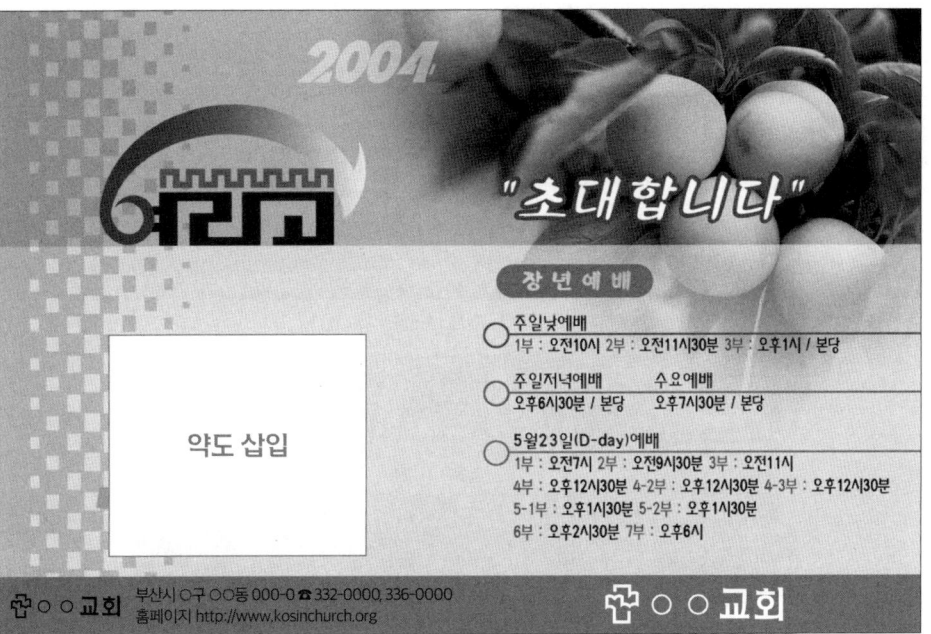

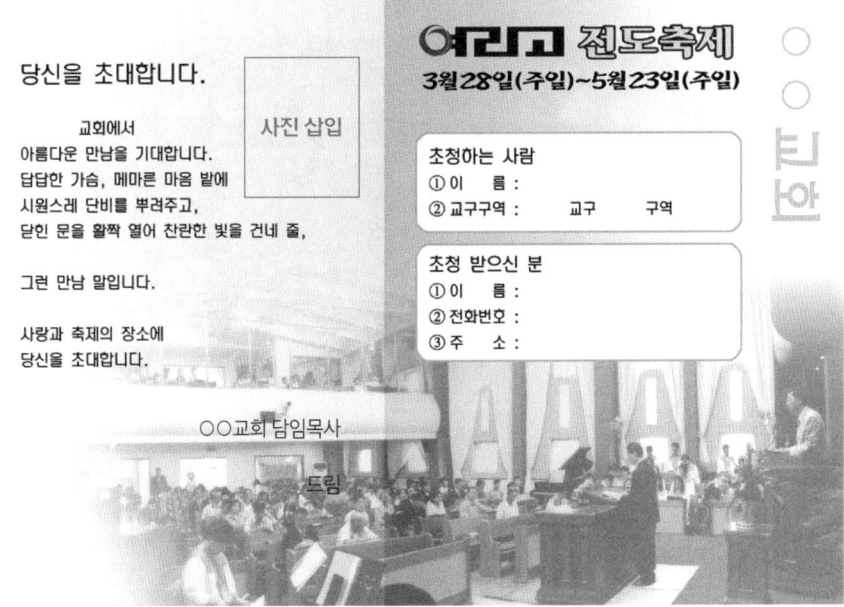

5) 차량 부착용 시트지

여리고 전도 축제 각종 서식

1) 전도 대상자 카드

여리고 전도 축제
전도 대상자 작정 카드

_____ 교구 _____ 구역   성명: _____

※ 여리고 전도 축제 기간 동안 전도하여 데려올 분들의 이름을 적어 주십시오.

번호	작정자 이름	주소	전화	비고
1				
2				
3				
4				
5				
6				
7				
8				
9				
10				

위의 사람을 여리고 전도 축제 기간에 힘써 전도하기로 약속합니다.

2004년   월   일

작정자   ㊞

2) 특별새벽기도 출석표

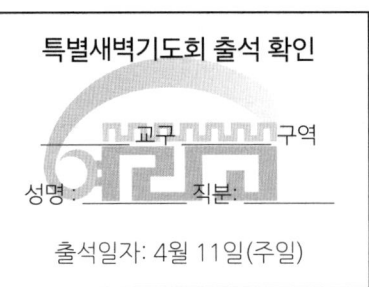

특별새벽기도회 출석 확인

_____ 교구 _____ 구역

성명 : _____ 직분 : _____

출석일자: 4월 11일(주일)

3) 구역별 전도 축제 보고서

_____ 교구 _____ 구역 여리고 전도 축제 보고서

2004. . . 보고자: (※ 권찰용)

종류	예배				기도			전도			등반	
구분	주일 낮 (5)	주일 밤 (5)	삼일 밤 (5)	구역 (3)	특별 새벽 (2)	주일 새벽 (3)	심야 기도 (3)	1회 출석 (10)	2회 출석 (15)	3회 출석 (15)	4회 출석 (20)	5회 이상 (15)
인원												
점수												

4) 교구별 전도 축제 보고서

교구장 여리고 전도 축제 보고서

2004. . .

	구분	1구역	2구역	3구역	4구역	5구역	6구역	총인원	점수
예배	주일낮 (5)								
	주일밤 (5)								
	삼일밤 (5)								
	구역 (3)								
기도	특별새벽 (2)								
	주일새벽 (2)								
	심야 (3)								
전도	1회 출석 (10)								
	2회 출석 (15)								
	3회 출석 (15)								
등반	4회 출석 (20)								
	5회 이상 (15)								
	총 점수								
	예상 인원								
	확정 인원								

5) 여리고 전도 축제 헌금 봉투

전 도 축제를
위한 헌금

기 도 제 목

_____ 교구 _____ 구역

이 름	
금 액	원
작 정	원

○○교회

전 도 축제를
위한 헌금

_____ 교구 _____ 구역

이 름	
금 액	원
작 정	원

○○교회

6) 중고등부 전도 카드

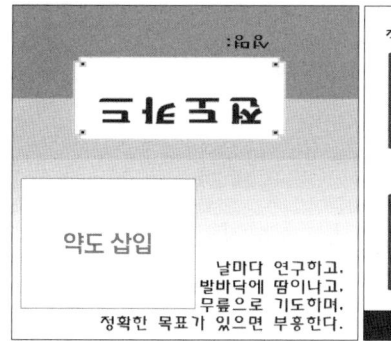

7) 여리고 전도 축제 결신 카드

결신카드

※ 이 표에 기록하여서 안내원에게 제출해 주세요.

2004년 5월 23일

성 명		(남, 여)	
주 소			
전 화		휴대폰	

⊙ 저는 오늘 이렇게 결심했습니다.
(✓표 해 주십시오.)

⊙ 저는 이전에 이런 경험이 있습니다.
(✓표 해 주십시오.)

□ 예수 믿기 원합니다.
□ 예수에 대해 알기 원합니다.
□ 저희 집에 방문해 주시기 원합니다.
□ 목사님을 뵙고 상담하고 싶습니다.

□ 어릴때 교회 다닌 적이 있습니다.
□ 세례(또는 학습)을 받았습니다.
□ 교회는 오늘이 처음입니다.
□ 가족 중에 신자가 있습니다.
□ 성경을 읽어 본 일이 있습니다.

⊙ 해당되는 곳에 ✓표를 해주세요.

⊙ 오늘 이곳에 오게 된 이유는?

□ 중학생 □ 고등학생
□ 대학생 □ 미혼자(청년 남 , 여)
□ 장 년   □ 노 년

① _____ 씨의 권유로
② 전도지를 보고서
③ 스스로

대한예수교장로회
○○교회
담임목사 ○ ○ ○
부산광역시 ○구 ○○동 000-0번지

8) 교구별 D-day 예상 및 확정 인원 현황(게시판)

구분	교구	1	2	3	4	5	6	7	8	9	10	11	12	13	청년	대학	고등	중등	총계
3/28	예상																		
	확정																		
4/4	예상																		
	확정																		
4/11	예상																		
	확정																		
4/17	예상																		
	확정																		
4/25	예상																		
	확정																		
5/2	예상																		
	확정																		
5/9	예상																		
	확정																		
5/16	예상																		
	확정																		
17	확정																		
18	확정																		
19	확정																		
20	확정																		
21	확정																		
22	확정																		
총계	예상																		
	확정																		

9) 교구별 점수 현황(게시판)

점수 \ 교구	1	2	3	4	5	6	7	8	9	10	11	12	13	청년	대학	고등	중등
12,000																	
11,500																	
11,000																	
10,500																	
10,000																	
9,500																	
9,000																	
8,500																	
8,000																	
7,500																	
7,000																	
6,500																	
6,000																	
5,500																	
5,000																	
4,500																	
4,000																	
3,500																	
3,000																	
2,500																	
2,000																	
1,500																	
1,000																	
500																	

10) 지역 경찰서 협조 공문

협조문

- 수신: ○○경찰서 경비교통과 교통지도계
- 발신: ○○교회
  (☎ 332-0000, 담당: 고창○ 목사 019-517-0000)
- 제목: 교회 행사로 인한 주변 도로 교통 지도 협조 건

할렐루야!
주님의 이름으로 귀서에 문안합니다.
금번 저희 ○○교회에서 5월 23일(日)에 교회 전도 행사를 실시합니다. 이로 인해 주변 도로에 대형 버스 등으로 인한 교통 체증이 예상되어 협조를 요청합니다.

1. 일시: 2004년 5월 23일
2. 시간: 1부 - 오전 7시
          2부 - 오전 9시
          3부 - 오전 10시 30분
          4부 - 오전 11시 50분
          5부 - 오후 1시 30분
          6부 - 오후 2시 30분
3. 예상 인원: 약 2,500~3,000명
4. 장소: ○○동 ○○마을 입구 도로변(○○교회 앞)
5. 요청 건: 예배 시간 전후로 도로 입구 교통 지도 및 안내
          대형 버스 주변 도로 정차 허가 문제

부산시 ○구 ○○동 000-0번지 ☎ (051)332-0000, 363-0000

대한예수교장로회 ○○교회
담임목사 정은○

11) 지역 중학교 협조 공문

협조문

- 수신: ○○중학교 학교장
- 참조: ○○중학교 행정실
- 발신: ○○교회
  (☎ 332-0000, 담당: 고창○ 목사 019-517-0000)
- 제목: 교회 행사로 인한 주차장 사용 협조 건

할렐루야!

주님의 이름으로 귀교에 문안합니다. 금번 저희 ○○교회에서 5월23일(日)에 교회 전도 행사를 실시합니다. 이로 인해 많은 차량의 주차가 필요하여 이에 귀교의 운동장을 임시주차장으로 사용하도록 협조를 요청합니다.

1. 일시: 2004년 5월 23일
2. 시간: 1부 - 오전 7시
    2부 - 오전 9시
    3부 - 오전 10시 30분
    4부 - 오전 11시 50분
    5부 - 오후 1시 30분
    6부 - 오후 2시 30분
3. 예상 인원: 약 2,500~3,000명
4. 주차장 사용 시간: 오전 10시~오후 2시
5. 주차장 예상 차량: 80여 대(본 교회 50대, ○○중학교 30대)

부산시 ○구 ○○동 000-0번지 ☎ 051)332-0000, 363-0000

대한예수교장로회 ○○교회
담임목사 정은○

여리고 전도 축제 업무별 배치도

본당 1층 구조 및 각 담당자의 위치		D-day 상황
여리고 총괄: 고창○ 목사	1층 내부 총괄: 고재○ 집사	1층 외부 총괄: 신경○ 집사

도로

주차장

제3교육관

제2접수처

화장실

식당총괄/고창○목사

남화장실
여화장실

유치부실(상품준비실)
기념품, 간식
담당/김철○집사

대기석 준비
총괄/추재○집사
임성○
허영○
김수○
박장○
이석○
이은○

주차장(옥외 대기석)
차량통제/
이용○집사, 김진○집사
안내/
고재○집사, 정성○집사

교역자실
(총지휘부)

사무실
(행정본부)

로뎀하우스(간호실)
담당/이경○집사

출입통제, 안내/김숙○, 김상○
1층 로비

수정회관

자판기

대기자 입장전용

제1접수처
총괄/임명자권사

초청장 접수함① 접수처 안내/서순○, 이향○, 임명○
스티커 부착②   이숙○, 구자○, 한희○
예배당 안내③ 차량통제 지휘/신경○집사
양방향 분산입장④ 안전요원/이제○, 김수○

도로

주차장(상품증정센타)
총괄/허의○권사, 스티카 수령/고현○
기념품 증정/정인○, 고현○, 김남○, 김진○, 장소○, 최현○, 황민○
          허의○, 문선○, 문선○, 조효○, 서혜○, 이영○, 이수○,
          이혜○
상품배급/김정○, 김근○, 강성○, 하순○

상품수령자
이동경로

상품임시 보관소(상품출입통제/정인○권사)   화단

| BUS STOP | 임시수송자량 정류소(담당/김은○집사) ○○경찰서 교통계 |

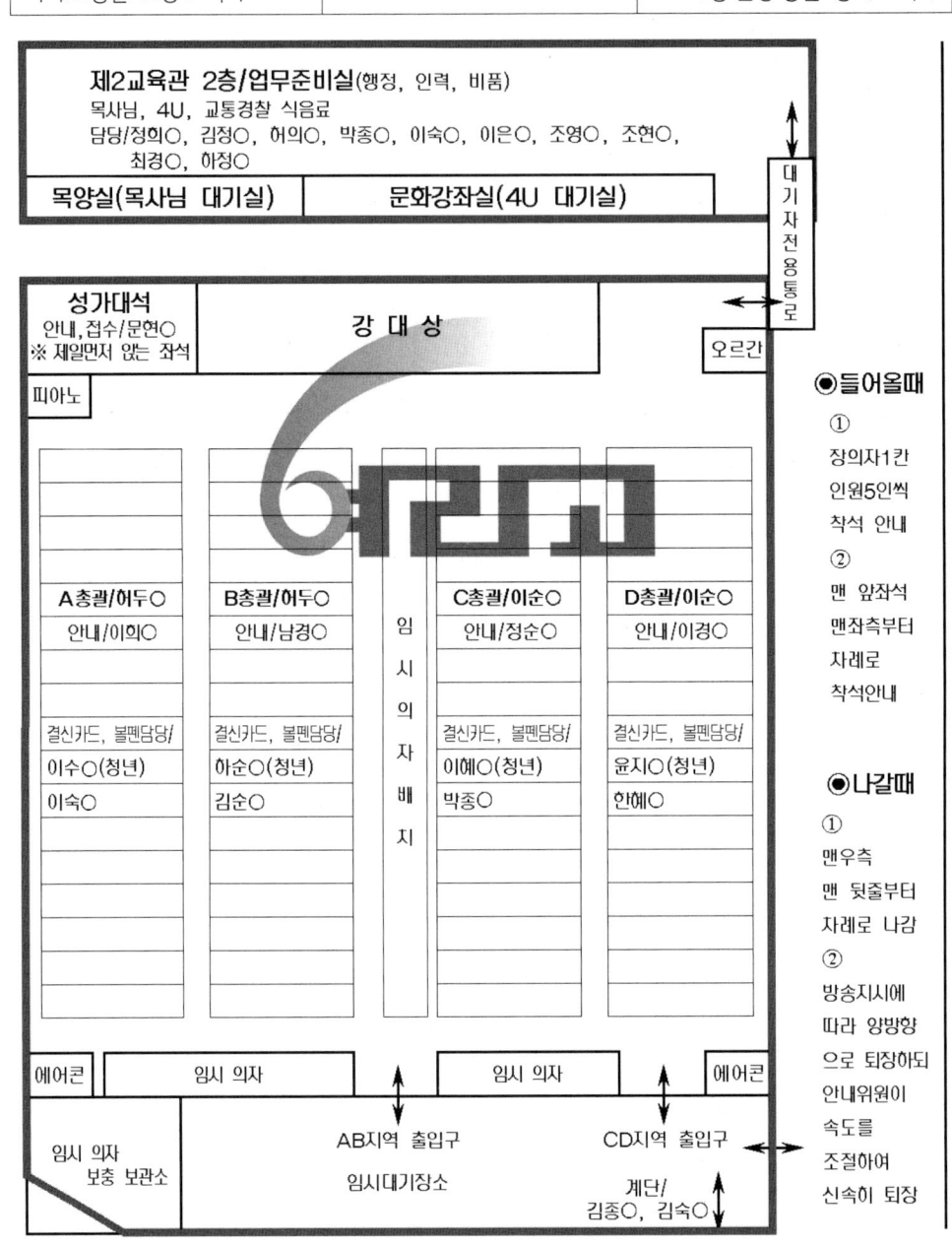

본당 3층 구조 및 각 담당자의 위치(최대 수용 인원: 150명)	D-day 상황
여리고 총괄: 고창○ 목사	3층 본당 총괄: 김정○ 집사, 이득○ 전도사

E 안내 접수/ 김동○	F 안내 접수/ 이성○	G 안내 접수/ 이경○ (이득○)	H 안내 접수/ 이경○	I 안내 접수/ 한순○

에어콘

방송실 (예배 지휘부)	화장실	유아실 J 안내접수/ 최항○	계단/ 조상○, 최향○

제2교육관(식당) 구조 및 각 담당자의 위치(최대 수용 인원: 140명)	D-day 상황
여리고 총괄: 고창○ 목사	식당 총괄: 이정○ 전도사, 김행○ 집사

제2접수처

안내/
진현○, 최순○(PQ)
내부접수/
김경○, 조현○(RS)
차량통제/
정성○집사
안전요원/
김행○, 김경○
라인작업/
권영○, 이제○
3부 안내/
이미○, 남성○,
김은○, 우경○

화장실 / 창고 / 출입구

P / 강대상
R / ROOM
배식구 폐쇄

여리고

본당 지하 1층 제1교육관 구조 및 각 담당자의 위치(최대 수용 인원: 180명)	D-day 상황
여리고 총괄: 고창○ 목사	제1교육관 총괄: 이성○ 전도사, 손영○ 집사

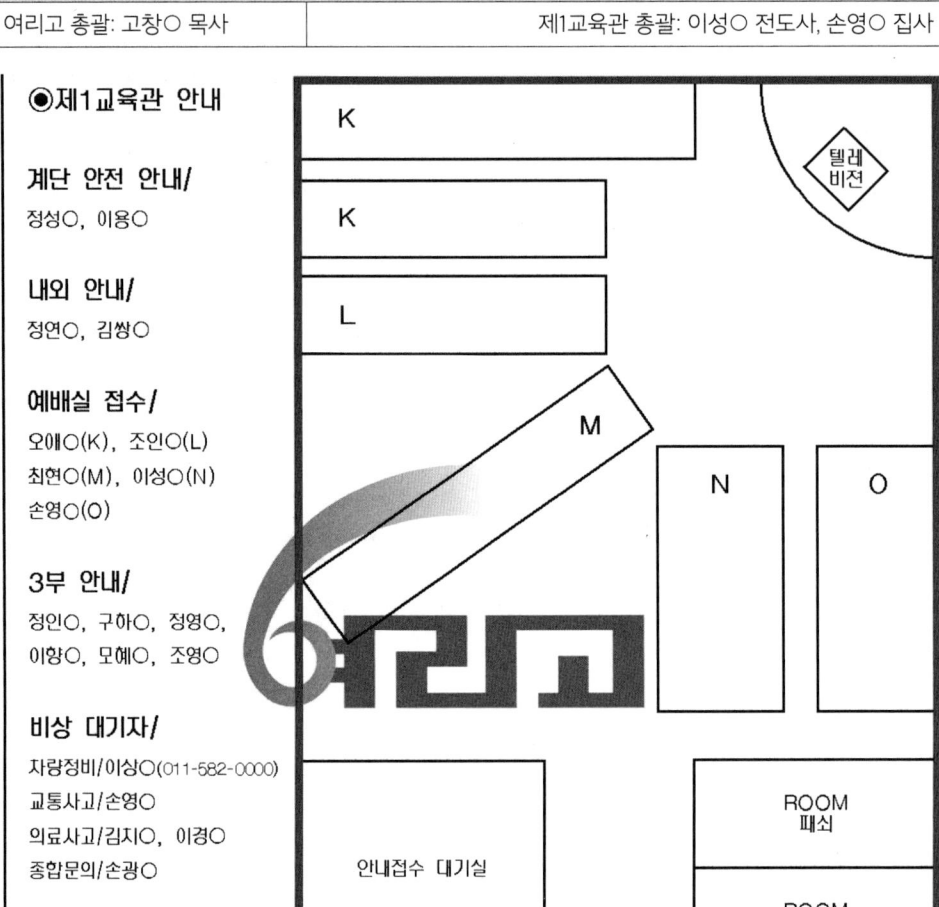

◉제1교육관 안내

계단 안전 안내/
정성○, 이용○

내외 안내/
정연○, 김쌍○

예배실 접수/
오애○(K), 조인○(L)
최현○(M), 이성○(N)
손영○(O)

3부 안내/
정인○, 구하○, 정영○
이향○, 모혜○, 조영○

비상 대기자/
차량정비/이상○(011-582-0000)
교통사고/손영○
의료사고/김지○, 이경○
종합문의/손광○

여리고 전도 축제 총결산

1) 총 전도 인원(3/28~5/23):

2) D-day 총 출석 인원:

3) 결신자 총 인원:

4) D-day 교구별 전도 현황 :

교구	1	2	3	4	5	6	7
전도							
교구	8	9	10	11	12	13	계
전도							

5) 교구 최다 점수상 (1~3등)

  · 1등:

  · 2등:

  · 3등:

6) 권찰 최다점수상 (1~10등)

등수	성명	구역	점수	등수	성명	구역	점수
1				6			
2				7			
3				8			
4				9			
5				10			

7) 개인 전도상

  • 전도왕 (250명 이상):   • 면류관상(200명 이상):

  • 스타상 (150명 이상):   • 충성상 (100명 이상):

  • 열심상 (50명 이상):   • 노력상 (30명 이상):

  • 선한상 (5명 이상):

8) 여리고 전도 축제 D-day(5/25) 예상 및 확정인원 현황

구분	교구	1	2	3	4	5	6	7	8	9	10	11	12	13	청년	대학	고등	중등	총계
3/28	예상																		
	확정																		
4/4	예상																		
	확정																		
4/11	예상																		
	확정																		
4/18	예상																		
	확정																		
4/25	예상																		
	확정																		
5/2	예상																		
	확정																		
5/9	예상																		
	확정																		
5/16	예상																		
	확정																		
19	확정																		
20	확정																		
21	확정																		
22	확정																		
23	확정																		
24	확정																		
총계	예상																		
	확정																		

9) 여리고 전도 축제 교구별 달란트 집계 현황

교구 \ 주	3월 28일 (1주)	4월 4일 (2주)	4월 11일 (3주)	4월 18일 (4주)	4월 25일 (5주)	5월 2일 (6주)	5월 9일 (7주)	5월 16일 (8주)	5월 23일 (9주)	누계
1										
2										
3										
4										
5										
6										
7										
8										
9										
10										
11										
갈렙										
다니엘										
고등부										
중등부										
주별 합계										

10) 여리고 전도 축제 교구별 달란트 집계 그래프

달란트 \ 교구	1	2	3	4	5	6	7	8	9	10	11	12	13	청년	대학	고등	중등
29,000																	
28,000																	
27,000																	
26,000																	
25,000																	
23,000																	
22,000																	
21,000																	
20,000																	
19,000																	
18,000																	
17,000																	
16,000																	
15,000																	
14,000																	
13,000																	
12,000																	
11,000																	
10,000																	
9,000																	
8,000																	
7,000																	
6,000																	
5,000																	
4,000																	
3,000																	
2,000																	
1,000																	

5. 전도 축제의 성장과 결산

- 새가족위원회 보고

○○교회의 전도 축제는 사람과 사람의 만남에 대한 두려움과 선입견을 버리는 것에서 출발합니다. '우리 교회 좋은 교회' '우리 목사님 좋은 목사님'을 이미지화하고 웃는 표정과 행복한 모습을 생활화하는 일상 전도를 훈련하고 성장시켜 왔습니다.

처음 1999년에 전도지를 전도 대상에게 전달하는 과정에서 거절을 어떻게 적절하게 극복할 것인가에 대해 교육했습니다. 이를 통해 우리도 할 수 있다는 자신감을 갖게 된 점이 가장 큰 소득이었습니다.

이후 2000년의 '300명 돌파 작전'은 노인 전도를 시작하는 단계에 접어들면서 정보 개념이 도입되기 시작하였으며, 어느 노인정에 몇 명의 노인이 모이며, 몇 명 정도가 출석 가능한가에 초점이 맞춰져 있었습니다.

그 후 2001년 400명에 대한 자신감은 그동안 축적되어 온 훈련 과정을 통하여 재미있는 전도를 시작하는 단계에 이르렀으며, 이를 통하여 성취감과 또한 아파트에 대한 거부감과 두려움이 극복되는 초기 단계로 접근하였습니다.

2002년부터는 한 사람이 두 사람 이상을 인도하기 위한 훈련 과정에 초점이 맞춰졌으며, '양손 전도 JUMP 600'을 통하여 전도가 쉬워지고 있으며, 누구나 할 수 있는 전도라는 개념이 정립되는 과정에 있어서 성공적인 사례로 볼 수 있습니다. 그러나 또한 이 시기를 정점으로 교회가 날마다 할아버지 할머니들로만 채워진다는 비판론이 제기되고 있었으며, 게다가 이제 좀 쉬어가자는 느슨한 분위기가 교회의 중심축으로 이동하고 있었습니다. 때문에 지속적인 훈련 과정의 일환이었던 주일 릴레이 전도와 화목 전도 특공대가 중단되는 등 일시적으로 전도의 침체기에 접어들기 시작했습니다.

그러나 2003년 T-5 전도 운동을 통해 지금까지와는 전혀 다른 인도와 학습을 통한 정착률을 높이는 전도 방식을 전격 채택하게 되었습니다. 9주 56일간 계속되는 전도로 인하여 매주 새가족 기록과 출석 기록이 새롭게 갱신되었으며, 이를 위하여 교구 인력이 총동원되고 많은 예산이 교구별로 투입되기에 이르렀습니다. 또한 김은○ 집사(200명)와 구하라 권사를 이어 새로운 물결과 같은 구름 전도를 채택한 이미○ 집사(415명)를 통하여 한 사람이 수백 명씩 전도하는 놀라운 사례가 우리 교회에도 일어나기 시작하였으며, 이를 계기로 3부 예배가 신설되는 중요한 시점이 되었습니다.

"2004년 새생명잔치 여리고 전도 축제"는 특별히 2교구와 10교구의 선도적인 열정을 본받은 모든 교구가 일체감 있게 적극 동참한 전도 축제였습니다. 일례로 노인 전도에 초점을 맞추고 부산 전 지역을 석권하는 등 끊임없이 노력하는 열성파 구하○ 권사, 김성○ 집사의 2교구와 부산 지역에서 사람이 가장 많이 모여 있는 지역을 선정하여 반장을 선출하고 책임을 부여하여 주중 성경 모임을 결성한 다음, 이것을 주일로 연결시키는 '일일 집중 관리' 방식을 채택한 10교구에서 1,700여 명을 전도하는 등 모든 교구가 수백 명씩 전도를 하였습니다. 이로써 2004년 전도 축제는 우리 교회가 1,000명을 돌파하는 중요한 역할을 하였으며, 이미○ 집사에 이어 구하○ 권사(721명), 임화○ 집사(646명), 정희○ 권사(203명) 등 수백 명씩 전도하는 전도의 네트워크를 형성하는 계기가 되었습니다.

이제 이러한 5년간의 총동원 전도 주일을 통하여 ○○교회는 부산을 대표하는 전도와 성장하는 교회로 알려졌으며, 어려운 전도, 할 말이 없는 전도가 아니라 쉬운 전도, 재미있는 전도로의 정착 단계에 접어들기 시작하였습니다. 물론, 아직 ○○교회의 소속 교인으로서 단 한 명도 전도하지 못한 교인도 있고, 때로는 비판하는 교인도 있는 것이 사실이지만, 앞으로도 이러한 개혁적인 전도를 통하여 긍정적이고, 적극적으로 변화하여 "나는 받은 은사가 다르고 역할도 다르며, 이것도 전도의 일부다"라는 자기모순에 빠져 있는 관중석 교인이 단 한 명도 존재하지 않는 교회가 되어야 할 것입니다.

여리고 전도 축제 결산보고

D-day 기상				
날씨	맑음		온도	15~23℃
홍보지 개요				
소책자	1,000부	초청장	10,000장	환영 스티커	2,000매
교구 홍보지	250매	결신서	1,000장	전도 작정서	2,500장
시나리오	100부	현수막	3장	차량 홍보 시트	6장
교구 스티커	800매				

전도 운동(연인원)						
주일 전도	횟수	9회	시간	13:20	참여 인원	79명
	전도지 배포	4,400장		홍보지 배포	3,400장	
주중 전도	횟수	34회	시간	106시간	참여 인원	244명
	전도지 배포	8,150장		홍보지 배포	4,100장	

노인정						
화명동	21	금곡동	16	양산시	7	
사상구	23	진구, 남구	9	덕천동	24	
만덕동	14	구포동	16	기타	19	

노인 전도(연인원)						
방문 지역	13	방문 횟수	640회	방문 인원	1,247	
전도 인원	1,625명		다과(떡)	112되		

차량 동원			
45인승	2대	25인승	1대
9~15인승	19대	개인 승용차	30대

차량 지원 횟수			
45인승	6회	25인승	28회
9~15인승	202회	개인 승용차	300회

봉사위원					
주차요원	8명	차량 운전	45명	안내위원	25명
안전요원	10명	진행요원	3명	예배위원	22명
시설 지원	11명	기념품 관리	6명	기념품 배부	14명
의약 협찬	서태용	의료 지원	이경희	차량 정비	이상무
보험 업무	손영도	행정 지원	2명	총계	150명

기념품 지급					
주일 전도	80세트	주중 전도	600세트	D-day 기념품	1,600세트

각종모임							
실행위원회	8회	기획회의	14회	기도회	60회	교구회의	8회

협찬					
증정자	70명	시상품 수	170세트	수상자	97명

연	월	일	최다 출석	최다 등록	비고	총 등록 인원	정착 인원	정착율
1999	2	7						
	9	19						
	10	31						
2000	4	30						
2001	3	18						
2002	4	14						
	4	28						
2003	3	30						
	4	6						
	4	13						
	4	20						
	4	27						
	5	4						
	5	11						
	5	18						
	5	25						
2004	3	28						
	4	4						
	4	11						
	4	18						
	4	25						
	5	2						
	5	9						
	5	16						
	5	23						
총계								

6. 여리고 전도 축제 소식지

(주보지 게재: 8주간)

2004 새생명 잔치 여리고 전도 축제
1주차: 정탐하는 주간

　여리고성은 이스라엘 백성들이 하나님의 약속의 땅 가나안에 들어가기 위해 정복해야 할 관문이었습니다. 여기서 하나님은 이스라엘 백성들에게 믿음과 순종을 원하셨고 말씀에 의지하여 여리고를 돌던 백성들은 하나님의 기적의 능력을 체험했습니다.
　주님은 ○○교회에서 온 성도들의 믿음과 순종, 헌신을 통해 이 시대에 여리고 성을 정복하는 역사를 ○○교회를 통해 일으키실 것입니다.

여리고 전도 축제는 이렇게 합니다
① 기간: 2004년 3월 28일(주일)~5월 23일(주일, D-day)
② 주제: "그와 그에게 속한 모든 것을 이끌어 내라"(수 6:22)
③ 주제가: 여리고 전도 주제가(새찬송가 505장 개사곡)
④ 목표: 1,700명을 주시옵소서!
⑤ 구호: 나가자! 전하자! 채우자!

이번 주간의 주제와 주안점
· 주제: 정탐하는 주간(수2:1)
　이스라엘 백성들이 여리고성을 정복하기 전 모세는 12명의 정탐꾼을 통해 40여 일간 여리고성을 정탐했습니다. 그리고 이 정탐을 통해 하나님께서 그들에게 원하셨던 대답은 믿음의 눈이었고 하나님이 하시지 않으면 안 된다는 것이었습니다.
　이 주간은 전도대상자를 정탐하는 마음으로 기도하는 주간입니다.
　이 특별 새벽기도회에 참여하여 여리고를 정탐하던 여호수아와 갈렙의 마음을 가지시기를 바랍니다.

전교인 여리고 특별새벽기도회

이번 주는 특별새벽기도회로 모입니다. 적극적인 참여 바랍니다.

기도로 시작합시다. 이 기간에 전도 대상자를 작정합니다.

① 주제: 십자가와 가정 회복
② 기간: 2004년 3월 29일(월)~4월 11일(부활주일, 2주간)

대상자 작정 방법

① 대상자 작정을 위해 특별새벽기도회를 가집니다(2주간).
② 가족, 친지, 이웃, 직장 동료, 자주 접촉하는 사람, 방문객 등
③ 작정 인원: 한 사람이 5명 이상씩 작정합니다.
④ 작정 카드 작성: 기도 중에 작정 카드를 작성하여 교역자, 교구장, 권찰에게 제출해 주시기 바랍니다.

2004 새생명 잔치 여리고 전도 축제

2주차: 보고하는 주간

주제: 보고하는 주간

기간: 2004년 4월 5일(월)~4월 11일(부활주일)

내용

이스라엘의 12명의 정탐꾼들이 여리고성을 정탐하며 돌아본 내용을 이스라엘 회중 앞에서 보고를 하게 되었습니다. 보고 내용은 동일하였지만 보고 후 내린 결론은 극과 극이었습니다. 여리고 정복을 위한 결론은 하나님을 의지하는 믿음의 결론입니다. 하나님은 이렇게 "여호와께서 우리와 함께하시면…"으로 보고의 결론을 내리는 여호수아와 갈렙의 손을 들어주셨습니다. 믿음의 결론에 이르도록 여호수아와 갈렙과 같이 믿음의 눈으로 보고하는 주간이 되어야겠습니다. 기도한 전도 대상자의 명단을 기록 카드에 적어 기도하는 마음으로 하나님의 도우심을 구하며 보고합시다. 믿음의 보고에 하나님께서 이루어 주십니다.

" 할 수 있다 하신 이는 나의 능력 주 하나님"

이번 주에 해야 할 일

- 전교인 여리고 특별 새벽기도: 여리고 전도 축제를 시작하며 대상자 작정을 위한 특별 새벽기도회가 한 주간 남았습니다. 대상자 작정뿐만 아니라 여리고 정복을 위해 가장 필요한 것은 기도입니다. 새벽기도 운동에 다 같이 참여합시다.
- 대상자 작정 카드 제출: 대상자 작정 카드를 11일 부활주일까지 담당 교역자에게 제출해 주시기 바랍니다. 평소 매일 만나는 이웃이 대상자가 되고, 불신 가족이 대상자가 되며, 자주 대하는 성도님 주변의 누구든지 여러분의 전도 대상입니다. 여러분이 복음을 전하기를 원하는 사람을 위하여 함께 기도할 수 있도록 대상자 카드를 내어주시기 바랍니다.
- 정사예배: 4월 9일(금) 오후 8시
- 부활주일: 4월 11일(주일)

2004 새생명 잔치 여리고 전도 축제
3주차: 순종의 주간(수 6:10~11)

주제: 순종의 주간

여호수아는 그가 정탐하여 본 것을 지도자가 되어 정복하게 되었을 때 그는 하나님의 방법에 순종하여 일을 진행시켜 갔습니다. 말도 안 되는 일인 것 같지만 하나님의 미련함이 사람의 지혜보다 승하고 그 행하시는 것이 사람의 능력보다 더 크시기에 순종할 수밖에 없는 것입니다. 그리고 순종은 하나님만을 의뢰하는 것입니다. 이스라엘 백성들이 하나님만을 의지하며 여리고 성을 순종함으로 돌기 시작하였습니다. 그리고 순종하는 이스라엘에게 약속대로 하나님께서 여리고성을 무너뜨리셨습니다.

이처럼 하나님께서 여리고 성을 눈앞에 두고 있는 우리에게 미련한 것 같은 방법으로 순종을 요구하십니다. 전도는 사람으로 보면 미련하게 보일지도 모르겠습니다.

하지만 하나님은 그 미련한 방법을 통해 우리에게 순종을 요구하십니다. 그리고 순종하는 백성에게 약속하십니다. "그 성벽이 무너져 내리리니…." 아멘.

이번 주에 해야 할 일

1. 전도 대상자 카드 제출: 오늘(11일)까지 전도 대상자 카드를 담당교역자나 헌금함에 넣어 제출해 주시기 바랍니다.
2. 전도 대상자 채우는 주간: 오는 주일부터 우리에게 주어진 전도대상자를 위해 기도로 준비한 만큼 순종하는 마음으로 전도하여 교회로 데려옵시다.
3. 전도세미나: 오늘 저녁예배 시 교회전도연구소 소장되시는 박수만 목사님(부산남교회)께서 설교하십니다.

여리고 전도 축제 소식

1. 특별새벽기도를 마치다: 여리고 전도 축제를 시작하며 대상자 작정을 위한 특별새벽기도회가 하나님의 은혜 중에 마무리되었습니다. 참여해 주신 성도님들께 감사드립니다.
2. 권찰들 영화를 보다: 고난 주간인 지난 금요일 권찰 50여명이 화제작으로 떠오른 「패션 오브 크라이스트」라는 영화를 보았습니다. 모(?) 권사님은 30여 년 만에, 또는 20여 년 만에 영화를 보는 분들이 의외로 많았습니다. 영화 상영 내내 권찰들이 앉은 코너에서 훌쩍거리는 소리와 손수건으로 눈물을 훔치는 모습이 많이 보였습니다.

상영 후 대부분 눈이 부어올라 얼굴도 마주 못 들고 숙연한 모습들이었습니다. 담임목사님의 영화 총평은 "100편의 설교보다 낫다"입니다. 꼭 한 번 보시기 바랍니다. 아참…, 손수건 꼭 준비해 가세요.

3. 여리고 전도 축제, 갈치 떼뿐만 아니라 고등어 떼도 몰고 와요.

지난 주일 지역 경찰서 소속 전경 형제 20여 명이 차례로 들어와 본당 맨 앞에 앉아 눈길을 끌었습니다. 이로 인해 이번 전도의 방향이 갈치 떼뿐만 아니라 고등어 떼, 꽁치 떼로 이어질 전망입니다.

'주여! 갈치떼, 고등어떼, 꽁치떼 들이 ○○교회로, ○○교회로 몰려들게 하옵소서!'

2004 새생명 잔치 여리고 전도 축제
4주차: 드리는 주간 I (수 6:17)

주제: 드리는 주간

이번 주간은 드리는 주간입니다. 여호수아와 그 백성들이 여리고 성을 순종으로 돌며 정복한 후 그 성과 성의 모든 전리품을 모아 하나님께 드렸습니다.

하나님의 지시대로 받은 은혜를 감사함으로 하나님께 드렸던 것입니다. 그런데 여기에는 중요한 것이 있었습니다. 그것은 모든 백성이 다 참여하였다는 것입니다. 자기 혼자 취하지 아니하고 하나님께 모든 것을 드리는 것입니다.

이것이 선포되고 약속된 후에 하나님은 성을 무너뜨려 주셨습니다.

이번 드리는 주간에 이스라엘과 같이 모든 성도님들이 참여하여 하나님께 기쁨으로 드리기를 바랍니다. 특히 이번 드리는 주간에는 한 사람이 두 가지씩 헌신하는 일이 있습니다. 즉 여리고 전도 축제의 시상품으로 드릴 헌물과 전교인 체육대회(5/5)에 드릴 헌물입니다. 이 두 가지 일에 모두 다 참여하여 하나님께 드릴 수 있기를 바랍니다.

순종하여 드리기로 작정한 백성에게 주님은 축복하십니다.

"… 성벽이 무너져 내린지라 백성이 각기 앞으로 나아가 성에 들어가서 그 성을 취하고"(수 6:18)

이번 주에 해야 할 일

1. 한 가정에 두 점씩 전도 시상품 및 체육대회 상품 헌납: 다음 주일까지 각 가장마다 전도 시상품과 체육대회 상품으로 헌납할 물품 두 가지 이상씩 사무실로 헌납하는 데 협조해 주시기 바랍니다.
2. 체육대회 참석 홍보: 5월 5일 전교인 한 가족 체육대회에 전도대상자들과 함께 참석할 수 있도록 홍보하고 적극적으로 참여합시다.

여리고 전도 축제 소식

1. 여리고 전도 축제 후 예배 출석 현황: 3월 28일-900명, 4월 4일-1,084명, 4월 11일-1,210명이 출석하였습니다. 계속해서 증가하는 전도 인원으로 인해 예배당 공간

이 부족한 실정입니다. 안전사고 발생하지 않도록 기도해 주시기 바랍니다.
2. 중·고·대·청년들 영화를 보다: 고난 주간이 지났지만 90여 명의 학생들이 신앙 교육적인 측면에서 「패션 오브 크라이스트」라는 영화를 보았습니다. 많은 학생들이 기대감에 차 참석하고 눈물을 흘리는 학생들도 많았습니다. 들어갈 때의 산만한 모습과는 대조적으로 나올 때의 숙연한 모습을 보며 역시 예수 믿는 학생들이다 싶습니다.
3. 2교구 합심 전도: 매주 토요일이면 ○○상가 앞 도로에 낯선 파라솔 하나가 서 있습니다. 그곳에는 커피, 녹차 등 차를 무료로 나눠주고 있었습니다. 그리고 차 향기와 함께 퍼지는 소리, "○○교회로 오세요!"

2004 새생명 잔치 여리고 전도 축제

5주차: 드리는 주간 II (수 6:17)

주제: 드리는 주간 2

지난주에 이어 이번 주간도 드리는 주간입니다. 하나님께 약속한 대로 이스라엘 백성들이 무너진 여리고 성에 들어가 그 전리품들을 하나님께 드릴 때 백성들은 기쁨으로 참여했습니다. 이번 여리고성을 정복하는 전도 축제에 하나님은 우리 모든 성도들이 기쁨으로 참여하길 원하십니다. 정복한 여리고성에서 벌어질 잔치를 준비하기 위해 기쁨으로 참여합시다. 그리하여 이번 잔치가 우리 모두의 잔치가 되도록 합시다.

기간: 4월 26일 ~ 5월 2일(주일)

이번 주에 해야 할 일

1. 한 가정에 두 점 이상씩 전도 시상품 및 체육대회 상품 헌납: 다음 주일까지 각 가정마다 전도 시상품과 체육대회 상품으로 헌납할 물품 두 가지 이상씩 사무실로 헌납하는 데 협조해 주시기 바랍니다.
2. 체육대회 참석 홍보: 5월 5일 전교인 한가족 체육대회에 전도대상자들과 함께 참석할 수 있도록 홍보하고 적극적으로 참여합시다. 교구별로 당일 식사를 준비해 주시기 바랍니다.

3. 서부산노회 SFC(중고) 전도 찬양 집회: 5월 1일(토)~2일(주일), 사상교회

여리고 전도 축제 소식

1. 여리고 전도 축제 후 예배 출석 현황:

   3월 28일 - 900명, 4월 4일 - 1,084명, 4월 11일 - 1,210명, 4월 18일 - 1,224명이 출석하였습니다. 계속해서 증가하는 전도 인원으로 인해 예배당 공간이 부족한 실정입니다. 안전사고 나지 않도록 기도해 주시기 바랍니다.

2. 교구별 전도 중간집계: 1교구-51명, 2교구-175명, 3교구-70명, 4교구-60명, 5교구-54명, 6교구-43명, 7교구-82명, 8교구-58명, 9교구-82명, 10교구-186명, 11교구-48명, 12교구-42명, 13교구-61명이 참석하였습니다(중복 참석자 제외).

3. 5월 23일 전도 축제 참석 확정자: 교구별로 참석 확정자들이 4월 11일 현재 조사 결과 1,075명이 조사되었습니다. 아직 확정 인원이 미비된 교구와 기관에서는 열심을 다해 주시기 바랍니다.

2004 새생명 잔치 여리고 전도 축제
6주차: 이끌어 내는 주간(수 6:22)

주제: 이끌어 내는 주간(수 6:22)

여리고성이 무너진 후 여호수아는 그 성에 있는 모든 것을 정복하면서 먼저 시행한 것은 기생 라합과의 약속 이행이었습니다. 그들을 죽음과 멸망의 자리에서 축복의 자리로 이끌어 내어 예수님의 족보의 한 자리를 차지하게 하였습니다. 이처럼 우리의 전도 대상자들과 전도 지역에서 이제는 주님께서 이끌어 내어야 합니다. 그들을 지금의 멸망의 자리에서 생명의 자리로 이끌어 내는 일에 힘을 모아야 합니다. 그리고 그들로 라합과 같이 되게 합시다.

기간: 5월 3일 ~ 5월 11일

이번 주에 해야 할 일

1. 서부산노회 SFC 전도 찬양 집회: 5월 1일(토)부터 2일(주일)까지 사상교회당에서 행해지는 전도 집회에 본 교회 중고등부가 힘써 참석하도록 지원 바랍니다.
2. 전교인 한가족 체육대회: 30주년 기념으로 행해지는 전교인 한가족 체육대회가 5월 5일(수)에 화명중학교에서 있습니다. 교구별, 지역별로 팀을 이뤄 승부를 가리는 성도들의 화합의 잔치에 모두 다 참석합시다. 이 잔치에 전도대상자를 초청하여 전도의 기회를 삼아도 좋겠습니다.
   ※ 이번 주에 특히 체육대회에 힘써주시기 바랍니다. 식사는 교구별로 준비합니다.

여리고 전도 축제 소식

1. 여리고 전도 축제 후 예배 출석 현황
   1) 출석 현황 ① 3월 28일-888명 ② 4월 4일-1,084명 ③ 4월 11일-1,210명 ④ 4월 18일-1,224명 ⑤ 4월 25일-1,273명
   2) 등록 현황 ① 3월 28일-128명 ② 4월4일-288명 ③ 4월 11일-292명 ④ 4월 18일-298명 ⑤ 4월 25일-378명 계 1,384명
   ※ 몰려드는 사람들로 인하여 예배당 공간이 심히 부족한 실정입니다. 안전사고 나지 않도록 기도해 주시기 바랍니다. 특히 2부 예배 후 식당이 심히 번잡합니다. 손님들에게 먼저 양보하는 마음으로 성도님들은 천천히 식사해 주시기 바랍니다.
2. 5월 23일 D-day 예상 인원이 2,200명으로 조사되었습니다. 아직 확정이 안 된 교구에서는 힘써주시기 바랍니다.
3. 여리고의 기적 - 여리고 전도 축제 기간에 하나님께서 뜻하지 않은 새가족을 많이 붙여 주십니다. 최근 등록한 모(?) 집사님은 이사 온 후 교회를 정하지 못하다가 부산은행 앞에서 목요 전도대의 교회홍보지를 받고 부부가 등록하는 사례와 멀리 김해에 있지만 너무 교회의 전도 분위기가 좋아 계속해서 다니시겠다는 집사님, 갑자기 교회에 너무 가고 싶어 친구 따라 오게 되신 분 등 많은 열매를 하나님께서 미리부터 주시고 계십니다.

2004 새생명 잔치 여리고 전도 축제

7주차: 이끌어 내는 주간 II (수 6:22)

주제: 이끌어 내는 주간 II (수 6:22)

가나안으로 가기 위해 하나님은 여리고성을 무너뜨리셨습니다. 그리고 그 성에서 라합과 그의 가족만을 구원하시고 멸망당하고 없어질 죽음의 성에서 생명의 자리로, 축복의 자리로 이끌어 내셨습니다.

오늘 우리는 여리고 성을 정복하기 위한 전도 축제를 진행하고 있습니다. 그동안 기도하고 대상자로 삼았던, 하나님이 구원하실 라합과 같은 사람들을 주님께로 이끌어 내는 데 힘을 내시기 바랍니다. 그리고 그들로 라합과 같이 축복받은 사람이 되게 합시다.

주여! 라합과 같이 구원받은 주의 백성 150명을 주시옵소서.

기간: 5월 12일 ~ 5월 19일

이번 주에 해야 할 일

1. 여리고 전도 축제 확정 인원 보고: 이제 여리고 전도 축제가 2주간이 남았습니다. 5월 23일 전도 선물을 준비하기 위해 정확한 확정 인원 보고가 필요합니다. 각 교구에서는 보다 정확한 확정 인원을 보고해 주시기 바랍니다.
2. 어버이 주일: 오늘은 어버이 주일입니다.
3. 한 번 더 힘을 냅시다. 여리고 성은 마지막까지 순종하여 돌 때 무너졌습니다. 이제 우리가 기도하며 준비해 왔던 여리고 성이 무너질 시간도 얼마 남지 않았습니다. 마지막까지 힘을 다해 순종하며 전도하여 우리에게 무너질 여리고 성을 기대합시다.

여리고 전도 축제 소식

1. 여리고 전도 축제 후 예배 출석 현황

   1) 출석 현황 ① 3월 28일-888명 ② 4월 4일-1,084명 ③ 4월 11일-1,210명 ④ 4월 18일-1,224명 ⑤ 4월 25일-1,273명 ⑥ 5월 2일-1,422명

   2) 등록 현황 ① 3월 28일-128명 ② 4월 4일-288명 ③ 4월 11일-292명 ④ 4월 18일-298명 ⑤ 4월 25일-378명 ⑥ 5월 2일-503명 계 1,887명

※ 몰려드는 사람들로 인하여 예배당 공간이 심히 부족한 실정입니다. 안전사고 나지 않도록 기도해 주시기 바랍니다. 특히 2부 예배 후 식당이 심히 번잡합니다. 손님들에게 먼저 양보하는 마음으로 성도님들은 천천히 식사해 주시기 바랍니다.

2004 새생명 잔치 여리고 전도 축제
8주차: 총력전도주간

주제: 총력전도주간

이번 주는 총력전도주간입니다. 그동안 여리고 성을 돌며 기도하며 준비해 왔던 사람들을 힘써 주님께로 데려오는 주간입니다. 여리고 전도 축제의 D-day는 5월 23일입니다. 이날에 총 10부의 예배를 드리게 되며 전도 대상자들을 위해서는 2부(9시 30분), 3부(11시), 4부(12시 30분)의 예배와 중고등부를 위해 6부(오후 2시) 예배가 준비되어 있습니다. 3부 할아버지, 할머니 예배는 4-1부, 4-2부(12시 30분), 5-1부, 5-2부(오후 1시 30분)에 있습니다.

기간: 5월 17~23일

D-day: 5월 23일(예배 시간을 지켜주시기 바랍니다.)

이번 주에 해야 할 일

1. 교회 대청소 실시: 여리고 전도 축제 때 오시는 손님을 맞을 준비하며 온 교인들이 나와 교회 대청소를 실시하겠습니다. 5월 20일(목) 오전 10시 30분부터 본당에 모여 청소를 시작하겠습니다. 교구와 구역에서 많이 참석해 주시기 바랍니다(시설관리부 주관).
2. 스승의 주일: 오늘은 스승의 주일입니다.
3. 총력전도: 다음 주는 그동안 데려왔던 분들을 힘써 데려오는 주간입니다. 온 교구와 구역에서는 전도 축제 D-day인 5월 23일 주일에 힘을 쏟으시기 바랍니다.

4U 초청 가족 콘서트

다음 주일(23일) 저녁 예배 후 성도님들과 함께 하는 CCM 가수 4U 초청 가족콘서트가 청년회 주최로 있습니다.

전도 축제 시 알아야 할 일

전도주일에 전도대상자들에게 선물이 준비되어 있습니다. 이 선물을 받기 위해서는 다음과 같은 순서를 따라주셔야 합니다.

① 환영 스티커 부착(교회 입구)

② 예배 참석

③ 예배 후 부착된 스티커를 선물 교환처에서 교환(단체는 스티커 개수대로 선물 드림)

여리고 전도 축제 소식

1. 여리고 전도 축제 후 예배 출석 현황

   1) 출석 현황 ① 3월 28일-888명 ② 4월 4일-1,084명 ③ 4월 11일-1,210명 ④ 4월 18일-1,224명 ⑤ 4월 25일-1,273명 ⑥ 5월 2일-1,422명 ⑦ 5월 9일-1,222명

   2) 등록 현황 ① 3월 28일-128명 ② 4월 4일-288명 ③ 4월 11일-292명 ④ 4월 18일-298명 ⑤ 4월 25일-378명 ⑥ 5월 2일-503명 ⑦ 5월 9일-297명 계 2,184명

3장

펜트(PNT) 전도 축제

(2005년 3월 27일~5월 22일)

1. 펜트(PNT) 전도 축제란?

2005년 3월 27일부터 5월 22일까지 8주간 계속된 '펜트(PNT) 전도 축제'는 지난 5년간의 '다파다실 전도 원리'를 적용한 '씨뿌리는 전도 전략기'(1999~2004년)를 정리하고 새롭게 시작하는 '옥토 개간 전도 전략기'(2005~2009년)의 1차 연도로 '태신자 전도 축제'를 의미하고 있습니다.

이러한 관계 전도의 기원은 요한복음 1장 40~47절에 기록된 말씀과 같이 안드레가 베드로(Peter)를 전도하고 빌립이 나다나엘(Nathanael)을 전도하는 등 태신자(T) 전도 원리에서 시작되었습니다. 그런 면에서 펜트 전도 축제는 강하고 담대한 마음으로 "일단 한번 와 보라(Come and See)!"(요 1:46)고 당당하게 요구하는 데서 출발합니다.

1999년에 시작되어 2004년까지 이어진 전도 축제 기간 동안 하늘샘교회는 북구 지역에 15만 장의 전도지를 전달하여 12,285명을 등록시킨 기적의 역사를 체험하였습니다. 이제 이렇게 축적된 전도 노하우를 바탕으로 맨투맨 공략 작전을 시작함으로써 태신자 전도의 가능성을 진단하였습니다.

안드레와 빌립이 베드로와 나다나엘을 전도한 것과 마찬가지로 한 사람이 2명을 데려오든지 두 사람이 함께 힘을 모아 4명을 데려와 그 가운데 1인 1명을 정착시킨다는 명확한 미션을 달성 목표로 하였습니다. 이렇게 추진된 펜트 전도 축제에는 모두 1,376명이 등록을 하였으며, 그 가운데 157명을 정착시키는 데 성공하였습니다. 태신자 전도 축제의 성공은 그동안 이루어졌던 다파다실 전도 원리에 대한 이해와 경험이 토대가 되어 수많은 훈련을 거쳐왔기 때문이었습니다.

이를 위해 교구장과 권찰장 그리고 구역 권찰을 중심으로 교회전도연구소(당시 소장 박수만 목사)가 운영하는 "전도에 프로가 되라"라는 12주 훈련에 참여하여 복음을 완전히 숙달하는 미션과 함께 전도 미션을 탈락자 없이 모두 달성하였으며, 이러한 평신도 전도 전문 훈련을 통한 결과, 세상에서 불신자와 일대일로 마주하였을 때 전혀 두려움 없이 전도할 수 있었던 것입니다.

태신자 전도 축제이자 관계 전도로 이루어진 펜트 전도 축제 또한 철저하게 준비된 기획과 전도훈련을 통하여 성공적으로 개최할 수 있었습니다. 또 보다 내실 있는 훈련을 위해 전도 전문가 양성기관인 교회전도연구소와의 결연을 통한 지속적인 파송이 중요한 키워드가 되었습니다.

더 나아가 펜트 전도 축제 기간 동안 등록되었지만 정착에는 이르지 못한 1,200명에 달하는 개인 정보를 유익한 도구로 활용하면서 전도자와 연속성 있는 관계를 통하여 '예비 등록가능자'로 분류하는 등 후속 작업을 이어가는 매개가 되었습니다. 그리고 이러한 '내부적·외부적 총동원 전도 축제'를 통하여 그동안 장기 결석자로 분류되었던 기존 교인들의 출석률이 30퍼센트 이상 향상되었으며, 더욱이 잦은 결석으로 출석률이 좋지 않았던 성도들의 정착률은 거의 100퍼센트에 달할 정도로 성과가 있었습니다.

2. 2005 펜트(PNT) 전도 축제의 기획

펜트 새생명 전도 축제에 대한 개요

1) 명칭: 2005 펜트(**PNT**) 새생명 전도 축제(요 1:40~47)

　※ PNT란 무엇인가?

　P: 안드레가 베드로를 전도했을 때 베드로(Peter)에서 'P'를 따옴

　N: 빌립이 나다나엘을 전도했을 때 나다나엘(Nathanael)에서 'N'을 따옴

　T: 한글 태신자의 영문식 표기에서 'T'를 따옴

2) 주제 성구: "빌립이 가로되 와보라(Come and See) 하니라"(요 1:46)

3) 목적
   · 다량의 전도 방식을 지양하고 개인 전도에 초점을 두고 시행하는 데 있다.
   · 안드레와 빌립이 예수님을 만나고 베드로와 나다나엘을 전도하여 예수님께로 데려왔던 것처럼 우리도 은혜받고 마음에 작정한 태신자를 주님께 인도하는 데 있다

(PNT 전도-2명 전도).
- 구역과 교구 배가를 위하는 데 있다.
- 교회 성장과 내실을 기하는 데 그 목적을 둔다(Jump 1,200 돌파).
- 전 교인의 일치와 단합을 이루는 데 있다.
- 내 가정의 복음화를 이루는 데 있다.
- 영성 회복과 그리스도의 사랑을 실천하는 데 있다.
- 결신자 1/10을 얻기 위해서(결신자 100명을 주옵소서!)

4) 기간: 2005년 3월 27일(주일)~5월 22일(주일)까지(총 8주간: 57일간)
5) 세미나 및 훈련
- 교구장, 지구장, 권찰, 중·고·대·청 부장, 교사, 조장 세미나 및 워크숍
  일시: 3월 20일(주일) 장소: 본당
- 1부: 세미나 및 지역별 전략 수립 (오후 3:30~5:00)
- 2부: 식사 (오후 5:00~6:00)

6) 선포식: 3월 27일(주일) 2, 3부 예배 시
7) 총동원일(D-day): 2005년 5월 22일(주일)
8) 당일 예배시간 안내(총 6부 예배)
- 1부 - 오전 7시(새벽기도 및 주일낮 예배 - 본 교회 교인들 중심, 할렐루야찬양대)
- 2부 - 오전 8시 30분(노인부예배)
- 3부 - 오전 10시
- 4부 - 오전 11시 30분
- 5부 - 오후 2시(중·고·대·청년부 예배) - 1시 30분부터 찬양(※ 외부 강사 초빙)
- 6부 - 오후 6시(온맘찬양대, 시온찬양대, ※ CCM 가수 초청)
  ※ 유치·유년·초등부는 오전 9시 예배만 드림(분반 공부 없이).

9) 전도 목표: 1,340명(+ 160명=1,500명)
- 교구당 700명(전도 인원, 50명×14개 교구=)

- 노인부(2부 예배) 300명(기념품 + 간식)
- 중·고등부 200명(기존 학생 포함, 100명×2개 부서=)
- 대학부 70명(기존 대학부 포함)
- 청년회 70명(기존 청년회 포함)

2004년도 교구 편성 인원 및 목표 달성 인원

	교구	1교구	2교구	3교구	4교구	5교구	6교구	7교구	총계
야베스 지역	편성인원								
	목표달성인원	50	50	50	50	50	50	50	350
	교구	8교구	9교구	10교구	11교구	12교구	13교구	14교구	총계
사무엘 지역	편성인원								
	목표달성인원	50	50	50	50	50	50	50	350
	교구	노인부	청년회	대학부	고등부	중등부			총계
기관	편성인원								
	목표달성인원	300	70	70	100	100			640
총 목표수		1,340명(+160명=1,500명)							

10) 전도 구호 제창: 만나자! 전하자! 채우자!
11) 펜트(PNT) 전도 주제가: 「할 수 있다 펜트 축제」(「할 수 있다 하면 된다」 개사곡)
12) 장소: ○○교회(본당) ☎ 332-0000, 335-0000, 336-0000

펜트(PNT) 새생명 전도 축제 10대 기도 제목

- ○○, ○○, ○○동 지역을 복음화하게 하옵소서!
- 개인의 영적 부흥과 교회 성장이 이루어지게 하옵소서!
- 총 6부 예배까지 빈자리가 없게 하옵소서!
- 구역과 교구(기관) 목표가 달성되게 하옵소서!

- 결신자 1/10(100명)을 주옵소서!
- 온 성도가 한 가지 이상으로 섬기며 헌신하는 전도 축제가 되게 하옵소서!
- 온 성도가 기쁨으로 순종하고 전도에 앞장서게 하옵소서!
- 모든 부서가 완벽하게 준비하게 하옵소서!
- 목사님께 은혜로운 말씀과 건강을 주옵소서(좋은 날씨와 안전사고)!
- 마귀의 시험이 없게 하옵소서!

전도 대상자 설정 및 전도 주제 찬송

1) 전도 대상자 설정

- 불신 가족 및 친척
- 이웃 사람
- 반상회원
- 직장 동료들
- 배달원(우유, 신문, 야쿠르트 등)
- 자모회, 학부모회
- 학교, 학원, 유치원 교사
- 취미 교실, 스포츠 교실, 클럽 회원
- 조금이라도 안면이 있는 사람
- 기숙사 사원 초청
- 병원, 은행 직원

- 믿다가 낙심한 자
- 한 번이라도 교회 출석했던 사람
- 세입자나 임대인
- 친구, 동창생, 선후배, 고향 사람
- 외판원(화장품, 미용사원)
- 단골손님
- 경로당 어른들
- 파출소, 동사무소 직원, 군인(공익근무 요원)
- 주변 가게
- 거래처
- 거리에서 만난 사람들

2) 「펜트(PNT) 새생명 전도 축제가」(「할 수 있다 하면 된다」 개사곡)

3. 펜트(PNT) 전도 축제의 세부 계획

1) 펜트(PNT) 새생명 전도 축제 세부 계획(도표)

구분	주간	기간	실천사항	내용
준비단계	1주	3월 5~12일	펜트 새생명 전도 축제 프로젝트 수립	전도 축제에 대한 제반적인 프로그램(담임목사)
	2주	3월 12~19일	지역별 전도 전략 수립 홍보용 기획 완료	제반적인 업무 기획 완료 (스티커, 초청장, 현수막, 행정 등)
	3주	3월 20일	교구장, 지구장, 권찰, 기관장 (중·고·대·청년 부장) 세미나 및 워크숍	전도 축제 세미나 및 전략 수립 제3여전도회 헌신예배
	4주	3월 15~23일	펜트 새생명 전도 축제 사무 행정 및 인쇄물 완료 (스티커, 현수막, 초청장 등)	전도 축제에 관한 제반적인 업무 완료
		3월 20~27일	"하나님께로 더 가까이" 정사예배(3/25)	고난주간 특별새벽기도회
	5주	3월 25~26일	펜트 새생명 전도 축제 홍보물 벽보 및 게시판 부착	교구별 전도 및 등반 현황 스티커, 현수막 부착

단계	주	일자	내용	비고
실행단계	1주	3월 27일 (부활주일)	"2005 펜트 새생명 전도 축제" 선포식 (스티커, 초청장 및 전도지 3장씩 배부, 전도 축제 프로젝트 책자, 태신자 작정 카드 배부)	"PNT 새생명 전도 소식지" 게재(주보 1면) 1차 실행위원회 모임(저녁예배 후) ○ 교구별 릴레이 전도(1, 8교구)
		3월 27일 ~4월 3일	펜트 대상자 선정 주간(요 1:41, 45)	3월 28일~4월 10일 전도대상자 선정 및 제출
	2주	4월 4~10일	만나는 주간(요 1:41, 45) 제4남전도회 헌신예배(4/10)	2차 실행위원회 모임, 전교인 전도대상자 선정 완료 및 제출 ○ 교구별 릴레이 전도(2, 9교구)
	3주	4월 11~17일	전하는 주간(요 1:45) 전도 세미나(전교인 대상, 외부 강사)	3차 실행위원회 모임 전도 대상자 채우는 주간(4/17) 전도 세미나 ○ 교구별 릴레이 전도(3, 10교구)
	4주	4월 18~24일	와보라 주간(요 1:46) 제6여전도회 헌신예배(4/24)	4차 실행위원회 모임 전도 대상자 초청하기(집, 구역예배) 전도 축제 - 전도 대상자 출석 예정 및 확정 인원 보고(게시판) ○ 교구별 릴레이 전도(4, 11교구)
	5주	4월 25일 ~5월 1일	와보라 주간(요 1:46) (어린이주일)	5차 실행위원회 모임 전도 대상자 초청하기(집, 구역예배) 전도 대상자 출석 예정 및 확정자 게시(교구별) ○ 교구별 릴레이 전도(5, 12교구)
	6주	5월 2~8일	함께하는 주간(요 1:47) (볼링, 식사, 문자 메시지, 영화 등으로 함께하는 주간) (어버이주일) 제4여전도회 헌신예배(5/8)	6차 실행위원회 모임 총력 전도 주간 전도 대상자 출석 예정 및 확정자 게시(교구별) ○ 교구별 릴레이 전도(6, 13교구)
	7주	5월 19~15일	함께하는 주간(요 1:47) (볼링, 식사, 문자, 영화 등으로 함께하는 주간) 선교헌신예배(5/15) (스승의주일)	7차 실행위원회 모임 총력 전도 주간 전도 세미나(5/15) 기념품 확정 ○ 교구별 릴레이 전도(7, 14교구)
	8주	5월 16~22일	총력 전도 주간 결신 카드 분류	교회 대청소 실시 기념품 준비 D-day(5월 22일) 총점검
후속단계	1주	5월 22~28일	결신 카드별 이슬비 전도편지 발송 (교회 출석 가능자)	새가족위원회(편지부)
		5월 30일	펜트 새생명 전도 축제 각종 시상	통계 자료
	2주	6월 5일	Home Coming Day: 결신자 재초청 주일	새가족위원회

2) 펜트 새생명 전도 축제 점수제 운영(3월 27일~5월 22일: 57일간)
   · 3부분으로 나누어 실행하되 점수제로 가산하여 실행한다.
      ⓐ 예배(주 4회) - 주일낮(5점), 주일저녁(5점), 삼일저녁(5점), 구역예배(5점), 전도대상자 구역예배 참석(10점)
      ⓑ 기도 - 전교인 고난주간 특별새벽기도회(1회 출석, 3점 - 8일간), 주일새벽(3점), 심야기도(3점)
      ⓒ 전도 및 등반 - 1회 출석(10점), 2회 출석(15점), 3회 출석(15점), 4회 출석 - 등반(20점), 5회 이상 출석(15점씩 매주 가산)
      ※ 방침
      ㉠ 괄호( ) 신자도 전도로 인정
      ㉡ 편성 인원에 없는 사람들은 모두 전도로 인정
      ㉢ 본 교회 출석한 지 4주 이상(등반) 안 되신 분들도 전도한 것으로 새롭게 인정
   · 교구별 인원 조정은 최다 편성 인원에 기준하여 그 교구의 과부족 인원만큼 주일낮(5점), 주일저녁(5점)만 가산하여 시작한다.
   · 차량 동원은 기존 차량을 그대로 운영하되, 교구 전도를 위하여 인원을 동원할 경우는 그 자체 교구에서 조달하는 것을 원칙으로 한다.

3) 고난주간 특별새벽기도회 운영(3월 20일~3월 28일: 8일간)
   - 시간: 오전 5시   - 장소: 본당
   · 각 교구 및 기관(중·고·대학부·청년회)별로 새벽기도회 비상 연락망 조직할 것
   · 전화벨 울려주기 운동(※ 불신 남편의 가정은 삼가할 것)
   · 새벽기도회 차량 운행표 조직 및 제작(카풀제 운영)

   (3호차: 박영○ 집사 ☎ 016-563-0000) 벽산아파트(4:35) ➡ 경남아파트(4:36) ➡ 코오롱(4:37) ➡ 2차그린정류소(4:38) ➡ 우신(4:40) ➡ 대○할인마트(4:45) ➡ 교회 도착
   (1호차: 권영○ 집사 ☎ 016-9502-0000) 금○훼미리(4:34) ➡ 금○1단지(4:38) ➡ 3단지(4:40) ➡ 4단지(4:42) ➡ 모델하우스 앞(4:45) ➡ 대우○버파크아파트(4:49) ➡ 교회 도착

   · 새벽기도회 찬양대 운영(※ 특별새벽기도회 기간은 금요심야기도회 생략)
      • 3월 20일(주일): 고난주일 1, 8교구   • 3월 21일(월): 2, 9교구

- 3월 22일(화): 3, 10교구
- 3월 23일(수): 4, 11교구
- 3월 24일(목): 5, 12교구
- 3월 25일(금): 6, 13교구
- 3월 26일(토): 7, 14교구
- 3월 27일(주일): 부활주일(할렐루야찬양대)

4) 각종 시상(5월 30일, 주일)
- 교구장
  ⓐ 목표 달성상 - 교구별 50명 목표(D-day, 5월 22일에만 해당)
  ⓑ 최다점수상 - 교구 1, 2, 3 등(교구 총 점수로 환산)
- 권찰
  ⓐ 최다점수상 - 구역 1~10등까지(구역 총 점수로 합산)
- 개인
  ⓐ PNT 등반상
  - 면류관상 - 30명 이상
  - 스타상 - 20명 이상
  - 충성상 - 10명 이상
  - 열심상 - 5명 이상
  - PNT(펜트)상 - 2명 이상
  - 노력상 - 1명

5) 펜트 새생명 전도 축제에 대한 예산
  수입)
  - 고난주간 특별새벽기도회 헌금
  - 교회 성장비 · 교회 예비비(경상비)

  지출)
  - 현수막: 60,000원
  - 벽보 제작 인쇄비(기도 제목, 현황판): 300,000원
  - 초청장 및 스티커 제작비: 270,000원
  - 교구장(개인) 시상 -
  - 목표 달성상(50명 또는 기관별 목표 달성): 570,000원[(19명=교구장 14명+노인부·중·고·대·청 각 1명)×3만=]

- 교구 최다 점수상(1, 2, 3등): 240,000원(10만, 7만, 7만)
- 권찰 시상 - · 최다점수상(1~10등까지): 690,000원
  내역) 1등(10만), 2~3등(16만=8만×2명), 4~6등(21만=7만×3명), 7~8등(12만=6만×2명), 9~10등(10만=5만×2명)
- 개인등반상: 800,000원
  면류관상(30명 이상) 스타상(20명 이상)
  충성상(10명 이상) 열심상(5명 이상)
  PNT(펜트)상(2명 이상) 노력상(1명)
- 기념품비(1,500명): 4,500,000원(개당 1,500명×3,000원=)
- D-day(5월 22일) 차량 안내위원 간식비(빵, 우유): 270,000원
- 외부 강사 사례(2명): 400,000원
- 강사 접대비(담임목사님 외 다수): 200,000원

총 계: 8,300,000원

교구장, 지구장, 권찰, 기관장 세미나 프로그램

- 일시: 2005년 3월 20일(주일) 오후 3시 30분 ~ 6시
- 장소: 본당
- ※ 프로그램 순서

구분	시간	프로그램	담당	비고
3월 20일 (주일)	오후 3:15~3:30	찬양(복음성가)	황대○ 목사	복사물
	3:30~4:10	"2005 펜트(PNT) 새생명 전도 축제"에 관한 개요 설명	정은○ 목사	유인물
	4:10~4:50	지역별 전략 수립	고창○ 목사	본당
			황대○ 목사	제2교육관
	4:50~5:10	전략 발표	발표자	본당
	5:10~5:15	펜트 기도회	고창○ 목사	10대 기도 제목
	5:15~6:00	전체 식사		식당

일정 진행 계획

구분		3월 5(토)	6(주)	12(토)	13(주)	15(화)	18(금)	20(주)	22(화)	24(목)	25(금)	26(토)	27(주)	29(화)	30(수)	31(목)	4월 1(금)	3(주)	4(월)	5(화)	6(수)	7(목)	8(금)	10(주)	11(월)	12(화)	13(수)
예배	주일낮 예배(5)												■					■						■			
	주일밤 예배(5)												■					■						■			
	삼일밤 예배(5)														■						■						■
	구역예배(3)																										
기도	특별새벽기도회(3)							■	■	■	■	■															
	주일 새벽기도회(3)												■					■						■			
	금요 심야기도회(3)										■						■						■				
전도	전도(10)											■	■	■	■	■	■	■	■	■	■	■	■	■	■	■	■
	등반(20)																										
	릴레이 전도																	■				■		■			
	화목 전도팀													■		■				■		■					
준비단계	프로젝트 수립	■	■	■	■	■																					
	교역자 세미나																										
	세미나 및 전략 수립							■																			
	사무 행정 및 인쇄 완료								■	■																	
	홍보물 벽보 및 게시판 부착										■	■															
실행단계	전도 축제 선포식												■														
	PNT 대상자 선정 주간											■	■	■	■	■	■										
	만나는 주간																	■	■	■	■	■					
	전하는 주간																						■	■	■	■	■
	와보라 주간																										
	와보라 주간																										
	함께하는 주간																										
	함께하는 주간																										
	총력전도 주간																										
후속단계	결신 카드 및 편지 발송																										
	전도 축제 각종 시상																										
	결신자 양육 훈련																										
	결신자 재초청 주일																										

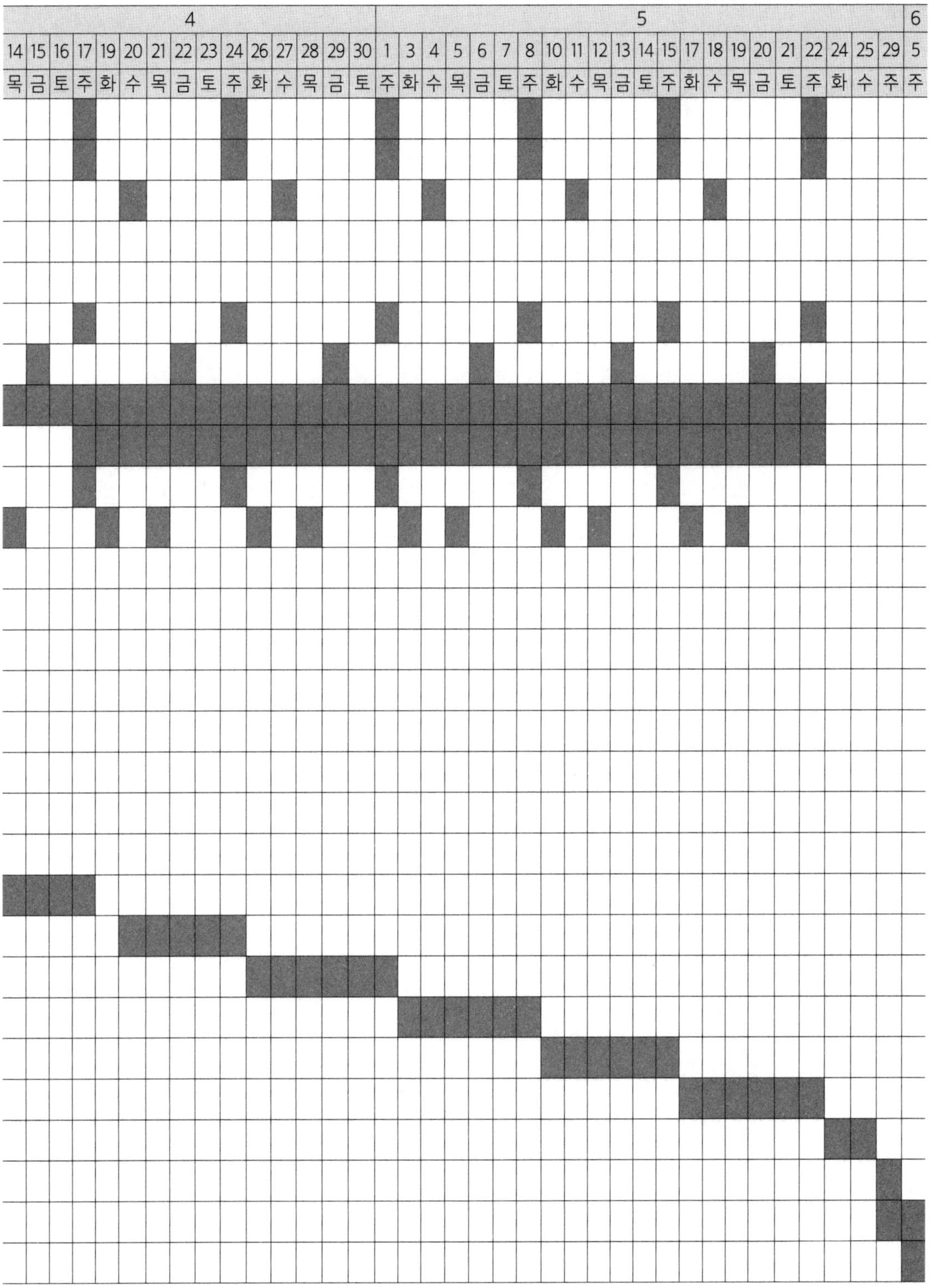

	4															5														6
14	15	16	17	19	20	21	22	23	24	26	27	28	29	30	1	3	4	5	6	7	8	10	11	12	13	14	15	17	18	19	20	21	22	24	25	29	5
목	금	토	주	화	수	목	금	토	주	화	수	목	금	토	주	화	수	목	금	토	주	화	수	목	금	토	주	화	수	목	금	토	주	화	수	주	주

펜트 새생명 전도 축제를 섬기는 분들

· 대회장: 정은○ 목사

· 진행위원장: 고창○ 목사, 황대○ 목사

· 고문: 김영○, 박윤○, 오경○, 이귀○, 손영○, 조홍○, 오길○ 장로

· 실행위원: 김정○, 김호○, 조홍○, 김행○, 강해○, 추재○, 신경○, 김성○, 고재○, 정부○, 손광○, 김철○, 박남○, 여수○, 드보○, 루디○, 모혜○, 구영○

1) 총무부

· 부장: 고창○ 목사

· 차장: 오경○ 장로

· 부원: 손광○, 권영○, 김철○, 최선○, 조대○, 김치○, 손일○, 윤용○, 김쌍○, 김숙○, 김정○, 도선○

· 업무

① PNT 전도 축제에 관한 제반적인 업무를 총 관장함(전도지, 초청장, 스티커, 제작, 로고 제작)

② 실행위원들을 관리하고 각 부서의 원활한 업무가 이루어지도록 지원.

③ 전도 현황판 제작 및 관리와 통계를 분석하고 제반적인 업무를 담임목사에게 보고한다.

④ PNT 전도 축제에 관한 소식지를 매주 주보지 1면에 게재(칼럼 대신)

2) 기도 및 전도부

· 부장: 황대○ 목사

· 차장: 김영○ 장로

· 부원: 김종○, 남형○, 고재○, 조상○, 김철○, 허의○, 백영○, 김필○, 구하○, 손영○, 오정○, 정현○, 홍혜○, 김외○, 이춘○, 이정○, 이희○, 이진○, 드보○ 전도사

· 업무

① 고난주간 특별 새벽기도회(3/20~3/28까지: 8일간)

② 금요 심야기도회(4/15, 4/22, 4/29, 5/6, 5/13, 5/20: 6회)

③ 주일 새벽기도회(4/3, 4/10, 4/17, 4/24, 5/1, 5/8, 5/15: 7회)

④ 교회 홍보지 및 전도지 제작

⑤ 초청장 및 스티커 배부

⑥ 노방 전도 축호 전도대 배부(화·목 전도대)

⑦ 교구별 릴레이 전도

3) 예배부
 · 부장: 손영○ 장로
 · 차장: 김정○ 집사
 · 부원: 윤일○, 김경○, 김호○, 이재○, 김병○, 이정○, 오갑○, 백애○, 박성○, 박정○, 우경○, 이정○, 최현○, 김 ○, 이정○, 여수○ 전도사
 · 업무
  ① 예배실 준비 및 장식(본당, 중3층, 유아실까지)
  ② 강단 장식
  ③ 앰프 설치
  ④ 프로젝터 설치 및 녹화
  ⑤ 결신 카드 작성(볼펜 준비) 지원 및 수거 ⑥ 좌석 안내

4) 홍보부
 · 부장: 조홍○ 장로
 · 차장: 김행○ 집사
 · 부원: 이용○, 라영○, 최인○, 박남○, 권준○, 류호○, 석숙○, 정인○, 하복○, 이정○, 정희○, 강주○, 조옥○, 모혜○, 김필○, 구영○, 주정○, 오옥○
 · 업무
  ① 현수막 제작
  ② 차량 홍보용 스티커 및 시트지 제작
  ③ 피켓 준비

④ 게시판 일자 표시(예: "앞으로 -20일 남았습니다.")
⑤ 인터넷 및 교회 홈페이지(이재○ 집사, 이제○ 형제)
⑥ 애드벌룬 설치(※ 홍보부에서 구입 요망)

5) 시설관리부
- 부: 강해○ 집사
- 차장: 추재○ 집사
- 부원: 정성○, 장수○, 이재○, 박영○, 김은○, 조정○, 김대○, 노정○, 김상○, 김숙○, 김영○
- 업무
  ① 행사에 관한 제반 편의 시설 설치 및 관장
  ② 식당에 음향 시스템 설치
  ③ 의자 보충
  ④ 화장실 점검
  ⑤ 기념품 배부
  ⑥ 교회 대청소 관장(5월 17~22일 중에 택일하여 담임목사에게 보고)
     - 교회 외벽 청소 - 교회 내부 청소

6) 차량부
- 부장: 신경○ 집사
- 차장: 김성○ 집사
- 부원: 강해○, 남형○, 정성○, 이현○, 김원○, 김종○, 이상○, 정성○, 이필○
- 업무
  ① 홍보용 차량 운행
  ② 운송 차량 최대 확보(1~10부까지)
  ③ 차량 안내
  ④ 주차장 점검 및 차량 안내위원 배치(※ ○○중학교 교직원 주차장 협조문)
  ⑤ 호각 및 차량 지시봉 준비

⑥ 유니폼에 스티커 부착("PNT(펜트) 새생명 전도 축제")

⑦ 교회 외곽 질서 및 안내 전담

⑧ 지역 경찰서 협조

7) 안내부

· 부장: 고재○ 집사

· 차장: 양기○ 집사

· 부원: 문창○, 서봉○, 김효○, 유봉○, 박원○, 박재○, 박정○, 안원○, 이정○, 김종○, 김은○, 박금○, 서순○, 박은○, 임원○, 문현○, 유금○, 이계○, 이명○, 이숙○, 이영○, 하정○, 손희○, 이정○, 정연○, 정분○, 정순○, 조현○, 진현○, 최정○, 최향○, 김연○, 오미○, 이선○, 양필○, 김유○, 남현○, 백미○, 이수○

· 업무

① 1부에서 6부까지 효과적으로 안내를 담당

② 안내 위치: 차도, 본당 1층 내·외부, 1층 로비, 2층 계단, 2층 본당 입구, 3층 계단, 준3층 내부

③ 안내위원은 통일된 복장(머플러 또는 기타)으로 안내할 것

④ 안내 교육을 실시하여 밝은 미소, 봉사정신으로 안내할 것

⑤ 안내도 제작

⑥ 의약품 준비(※ 담당: 서태○ 집사, 남성○ 집사)

8) 재정부

· 부장: 박윤○ 장로

· 차장: 정부○ 집사

· 부원: 최소○, 김종○, 장수○, 정국○, 임명○, 한정○

· 업무: 펜트 새생명 전도 축제에 소용되는 제반적인 재정을 지원하고 재정 부족 시에 자금 조달을 책임진다.

9) 양육부

· 부장: 이귀○ 장로

· 차장: 손광○ 집사, 루디○ 전도사

· 부원: 새가족위원회(이슬비 전도편지부, 양육부)

· 업무

① 양육 훈련("신앙의 징검다리" 5주, "신앙의 길잡이" 7주, "호모수만돈 성경공부" 14주 실시)

② 결신자 카드 회수 및 분류 작업, 이슬비 전도편지 발송

③ 심방 및 기관에 지원

④ 결신자 재초청 주일(6월 5일) 준비

10) 간식부

· 부장: 이정○ 권사

· 차장: 모혜○ 집사

· 부원: 김정○, 박종○, 이숙○, 조영○, 조현○, 구영○, 루디○ 전도사

· 업무

① 강사 목사님의 간식 및 식사를 조달

② 안내 및 차량 위원회 간식을 조달

4장
예수 사랑 5색 전도 축제
(2006년 9월 24일~11월 12일)

1. 예수 사랑, 5색 전도 축제란?

2006년 '예수 사랑, 5색 전도 축제'는 예년의 상반기에 개최되었던 전도 축제와 달리 9월 24일부터 11월 12일까지 하반기에 개최함으로써 이 기간 등록된 새가족들이 2007년 교구 편성에까지 포함되도록 하는 연속적인 목적을 갖고 있었습니다. 예수 사랑 5색 전도는 사도행전 16장 6~15절에 기록된 말씀과 같이 사도 바울이 마게도냐 전도에서 만났던 루디아 등 다양한 사람들을 카테고리로 하여 빌립보교회가 설립된 역사에서 기인하였습니다.

이렇듯 화명과 금곡의 신시가지 내 대단지 아파트에 삶의 터전을 이루고 있는 성도들에게는 같은 동 주민과 위아래 집과 옆집 등에 다양한 사람들이 함께 공존하고 있습니다. 이렇게 멀리 가지 않아도 전도는 가장 가까운 이웃들과의 만남을 통해 이루어진다는 관계성에서 5색 전도는 '생활 전도'라고 할 수 있습니다.

생활 전도는 가장 가까운 곳에서 함께 생활하기 때문에 아파트 전도에 매우 적합한 전도입니다. 예수 사랑 5색 전도의 전도 목표는 5명으로 자신이 살고 있는 호수를 중심으로 옆집과 윗집, 아랫집 등 3세대만 정성을 다해 관리하면 충분히 달성할 수 있습니다. 예수 사랑 5색 전도에서 '예수 사랑'은 곧 '이웃 사랑'과 연결되어 있으며, 이러한 이웃에 대한 사랑의 결정체는 바로 전도입니다(마 22:37~39). 다시 말해 예수 사랑 5색 전도는 생활 전도인 동시에 '아파트 전도'를 향한 관계 전도입니다.

우리가 생활하는 아파트는 비밀번호가 있어서 출입하기가 매우 어렵고, 그래서 아파트 전도는 쉽지 않았습니다. 그러나 아파트에 살고 있는 성도라면 이러한 출입의 어려움과 통제선을 언제든지 자유롭게 왕래할 수 있는 강력한 무기가 있습니다. 특별히 같은 출입구에는 각 층마다 2세대 가정이 서로 마주보고 있으며, 20층 이상의 고층 아파트에는 40세대 이상이 하나의 엘리베이터를 함께 사용하기 때문에 접근성이 매우 용이하다는 장점이 있습니다.

그래서 관계 전도는 일상생활 속에서 친밀감을 표현하고 함께 나눌 음식이 있다면 서로 나누고 도움을 줄 수 있는 것이 있다면 적극적으로 도와주면서 지역 주민들에게 선한 영향력을 끼침과 동시에 관계 전도가 자연스럽게 이루어질 수 있습니다. 예수 사랑 5색 전도는 아파트 전도를 두려워하거나 어렵게 생각하는 교회와 성도들에게 가장 잘 맞은 전도로서 한국교회의 성장에 반드시 필요한 축제라고 볼 수 있습니다.

하늘샘교회는 2006년 9월 24일부터 11월 12일까지 개최된 예수 사랑, 5색 전도를 통하여 1,711명의 아파트 주민과 이웃이 등록을 하였으며, 그 가운데 108명이 2007년의 교구 요람에 새롭게 편성되어 교회에 정착하였습니다. 이와 같이 예수 사랑 5색 전도는 2005년의 태신자 펜트 전도 축제와 함께 성공적인 관계 전도의 두 번째 미션으로 아파트 전도의 새로운 대안이 되고 있습니다.

2. 예수 사랑, 5색 전도 축제의 기획

예수 사랑, 5색 전도 축제에 대한 개요

1) 명칭: 예수 사랑, 5색 전도(5색 전도, Love Jesus)(행 16:6~15)
   예수 사랑, 5색 전도란 예수님의 사랑을 5색 즉 다양한 색깔의 사람들에게 전하자는 취지이다. 사도 바울이 본인이 원했던 아시아 전도를 접고 성령의 이끌림을 따라 마게도냐 지역의 첫 성인 빌립보에 들어갔을 때 거기서 다양한 사람을 만나게 된다. 자주 장사 루디아, 귀신 들린 여종, 감옥의 간수와 그 가족 등 연결고리가 하나도 없는 듯한 이들이 모여 빌립보 교회가 된 것처럼 오늘 우리가 전도하고자 하는 대상이 각기 다르고 연결고리가 없지만 ○○교회를 통해 다양한 사람들이 하나의 교회를 이루어 나가기 위해 실시하는 전도를 5색 전도라 한다.

2) 주제 성구: "가로되 주 예수를 믿으라 그리하면 너와 네 집이 구원을 얻으리라"(행 16:31)

3) 목적
- 5색 전도란 1명이 5명 전도, 한 구역이 20명 전도하여 영혼을 구원하는 데 있다.
- 교회 설립 00주년 기념(10월 15일) 및 추수감사주일을 위한 전도 축제에 초점을 둔다.
- 바울이 성령의 인도하심으로 마게도냐 첫 성인 빌립보 지역에 들어가서 하나님이 예비하신 루디아의 가족, 귀신들린 여종, 간수와 가족을 만나 복음을 전하고 예수 믿게 하고 교회가 세워진 것처럼 우리도 은혜받고 마음에 작정한 태신자를 주님께 인도하는 데 있다.
- 구역과 교구 배가를 위하는 데 있다.
- 교회 성장과 내실을 기하는 데 그 목적을 둔다(Jump 1,200 돌파).
- 전 교인의 일치와 단합을 이루는 데 있다.
- 내 가정, 직장, 학원의 복음화를 이루는 데 있다.
- 영성 회복과 그리스도의 사랑을 실천하는 데 있다.
- 결신자 1/10을 얻기 위해서(결신자 120명을 주옵소서!)

4) 기간: 9월 24일(주일)~11월 12일(주일)까지(총 8주간: 50일간)

5) 세미나 및 훈련
- 교역자 세미나 및 워크숍 - 9월 8일(금)
- 지역장, 구역장(부구역장, 총무), 기관장, 임원 및 중·고·대·청년 부장 세미나 및 워크숍
  - 9월 12일(화)~13일(수)

6) 선포식: 9월 24일(주일) 2~3부 예배 시

7) 총동원일(D-day): 2006년 11월 12일(주일)

8) 당일 예배 시간 안내
- 1부: 오전 7시(새벽기도 및 주일 낮 예배 - 본 교인들 중심, 할렐루야찬양대)
- 2부: 오전 8시 30분(할아버지, 할머니)
- 3부: 오전 10시
- 4부: 오전 11시 30분

· 5부: 오후 1시 30분(중·고·대·청 예배) ※ 외부 강사 초빙

· 6부: 저녁예배 - 아쉬르찬양단 초청

※ 유치부 예배 - 오전 10시 ※ 유·초등부 예배 - 오전 8시 30분

9) 전도 목표: 1,260명(+40명)

· 3~4부 예배: 880명(전도 인원, 44구역×20명=)

· 5부 예배(380명)

① 중고등부 220명(110명×2배=, 기존 중고등부 포함)

② 대학부 80명(기존 대학부 포함)

③ 청년회 80명(기존 청년회 포함)

· 기존 예배(1부 예배): 인원수 별도

· 노인부 220명((2부 예배, 인원수 별도, 우체국 소액환 + 우유, 빵)

2006년 지역별 구역 편성 및 목표 달성 인원

지역(기관)	아브라함	이삭	야곱	요셉	다윗		총계
편성 구역(인원)							
목표 달성 인원	100명	60명	80명	60명	40명		340명
지역(기관)	사라	리브가	라헬	한나	에스더	룻	마리아	총계
편성 구역(인원)								
목표 달성 인원	80명	60명	80명	60명	80명	80명	100명	540명
지역(기관)	노인부	청년회	대학부	고등부	중등부		총계
편성 구역(인원)							
목표 달성 인원	220명(별도)	80명	80명	110명	110명		380명
총 목표 수	1,260명(+40명)						

10) 전도 구호 제창: 예수 사랑, 5색 전도

1 · 5 · 20(1명이 5명, 1구역이 20명) 파이팅!

11) 예수 사랑, 5색 전도 주제가: 「나는 가리라」(전도 도전송)

12) 장소: ○○교회(본당) ☎ 332-0000, 336-0000

예수 사랑, 5색 전도 축제 10대 기도 제목

1) ○○, ○○, ○○동 지역을 복음화하게 하옵소서!
2) 개인의 영적 부흥과 교회 성장이 이루어지게 하옵소서!
3) 총 6부 예배까지 빈자리가 없게 하옵소서!
4) 구역과 교구(기관) 목표가 달성되게 하옵소서!
5) 결신자 1/10(120명)을 주옵소서!
6) 온 성도가 영혼 구원에 헌신하는 전도 축제가 되게 하옵소서!
7) 온 성도가 기쁨으로 순종하고 전도에 앞장서게 하옵소서!
8) 모든 부서가 완벽하게 준비하게 하옵소서!
9) 목사님께 은혜로운 말씀과 건강을 주옵소서(좋은 날씨와 안전사고)!
10) 마귀의 시험이 없게 하옵소서!

전도 대상자 설정

- 불신 가족 및 친척
- 이웃 사람
- 반상회원
- 직장 동료들
- 배달원(우유, 신문, 야쿠르트 등)
- 자모회, 학부모회
- 학교, 학원, 유치원 교사
- 취미 교실, 스포츠 교실, 클럽 회원
- 조금이라도 안면이 있는 사람
- 기숙사 사원 초청
- 병원, 은행 직원
- 믿다가 낙심한 자
- 한 번이라도 교회 출석했던 사람
- 세입자나 임대인
- 친구, 동창생, 선후배, 고향 사람
- 외판원(화장품, 미용사원)
- 단골손님
- 경로당 어른들
- 파출소, 동사무소 직원, 군인(공익근무 요원)
- 주변 가게
- 거래처
- 거리에서 만난 사람들

3. 예수 사랑, 5색 전도 축제의 세부 계획

1) 5색 전도, Love Jesus(예수 사랑, 5색 전도) 축제 세부 계획(도표) - 테마별 전도

구분	5색 전도	주간		기간	실천사항	내용
준비 단계	파란색 전도	전략 수립 주간	1주	8월 28일 ~9월 3일	· 5색 전도, Love Jesus (예수 사랑, 5색 전도) 축제 프로젝트 수립 · 월삭 기도회(9월 1~3일)	· 전도 축제의 전반적인 프로그램(담임목사)
			2주	9월 4~9일	· 교역자 세미나 및 지역별 전도 전략 수립(8일) · 홍보용 기획 완료	· 제반 업무 기획 완료(스티커, 초청장, 현수막, 행정 등)
			3주	9월 10~16일	· 지역장, 구역장(부구역장, 총무), 기관장, 임원 및 중·고·대·청년 부장 세미나 및 워크숍(12~13일)	· 전도 축제 세미나 및 전략 수립
		행정 및 홍보물 부착 주간	4주	9월 17~23일	· 5색 전도, Love Jesus(예수 사랑, 5색 전도) 축제 사무 행정 및 인쇄물 완료(스티커, 현수막, 초청장 등) · 5색 전도, Love Jesus(예수 사랑, 5색 전도) 축제 홍보물 벽보 및 게시판 부착	· 전도 축제에 관한 제반 업무 · 지역별 전도 및 등반 현황 스티커, 현수막 부착 · 특별새벽집회 전단지 · 기관별 전도 릴레이 기도회(9/18~9/24, 10/9~11/11)

구분	5색 전도	주간		기간	실천사항	내용
실행 단계	흰색 전도 - 행 16:9 (전도 대상자 선정을 위한 기도)	전도 선포 주일	1주	9월 24일	· 2006, 5색 전도, Love Jesus(예수 사랑, 5색 전도) 축제 선포식(스티커, 초청장 및 전도지 3장씩 배부, 전도 축제 프로젝트 책자, 전도 대상자 작정 카드 배부)	· "5색 전도 소식지" 게재(주보 1면) · 1차 실행위원회 모임 (저녁예배 후) · 기관별 릴레이 전도 시작 (남1, 2전도회)
		기도 주간 (태신자)		9월 25~30일	· 기도 및 정탐하는 주간(행 16:9) - 마게도냐인의 환상을 보라. "건너와서 우리를 도우라" · 전도 여행 준비(워밍업) 기간	· 전교인 특별새벽집회 (9/25~10/3, 9일간) · 전도대상자 선정 및 제출 · 기관별 릴레이 전도(남3, 4전도회)
		기도 스티커 발행 (접수-2주간)	2주	10월 1~7일	· 정탐하는 주간(행 16:12-13) - 빌립보 지역의 정보와 자료 수집 "이는 … 기도처가 있는가 하여" · 10월 1~3일(월삭기도회) · 5여 전도회 헌신예배(1일)	· 전교인 특별새벽집회 (9/25~10/3) - 월삭기도 및 전도 대상자 선정 및 제출 · 2차 실행위원회 모임 · 5~7일: 추석 연휴

구분	5색 전도	주간		기간	실천사항	내용
실행 단계	노란색 전도 - 행 16:14~15 (친구, 사업자, 가족 전도)	전도 주간 -점수제 운영	3주	10월 8~14일	· 힘쓰는 주간(행 16:10~13) - 부름 받은 곳을 향하여 "마게도냐로 떠나기를 힘쓰니" (직장 동료, 사업, 장사하시는 분 전도)	· 전도 대상자 선정 완료 및 제출 · 기관별 릴레이 전도 (남5, 여7 전도회) · 기관별 분임 전략 수립 및 기도회(매 주일 저녁예배 후)
			4주	10월 15~21일	· 빌립보 주간(행 16:11) - 전도 지역 구체화 "빌립보에 이르니" · 교회 설립 32주년 기념 축하 행사(15일, 대학부, 청년회, 군인 전도)	· 3차 실행위원회 모임 · 전도 대상자 채우는 주간(22일) · 목회 서신 발송(전도 동참) · 기관별 릴레이 전도(여1, 2전도회)
			5주	10월 22~28일	· 접근하는 주간(행 16:13b) - "… 모인 여자에게 말하더니" (가족 및 친구 전도 주간)	· 4차 실행위원회 모임 · 전도 세미나(22일) · 전도 대상자 추가 확보 대회 · 기념품 준비 · 기관별 릴레이 전도(여3, 4전도회)
			6주	10월 29일 ~11월 4일	· 루디아 주간(행 16:14) - 성령의 인도로 만나게 됨 "… 루디아라 하는 한 여자가 들었는데" (중고등부 전도) · 11월 1~3일(월삭기도회)	· 5차 실행위원회 모임 · 전도 대상자 출석 예정 및 확정 인원 보고(게시판) · 기념품 확정 · 기관별 릴레이 전도(여5, 6전도회)
	빨간색 전도 - 행 16:31	총력 전도 주간	7주	11월 5~11일	· 복음의 기적 1(행 16:15) - 루디아 가정이 세례 받음 (직장동료, 사업, 장사하시는 분 전도) · 대학부 헌신예배(5일) · 분과별 총점검 · 결신카드/안내위원 배치	· 6차 실행위원회 모임 · 전도 세미나(5일) · 총력 전도 주간 · D-day(11월 12일) 총 점검 · 기념품 점검(도착) · 기관별 릴레이 전도(청년, 대학부, 중·고등부) · 교회 대청소 실시(10일)
			8주	11월 12일	· 복음의 기적 2(행 16:30~31) - 간수의 회개 · 총력전도주일(12일)	· D-day(12일)
	찬양 전도 행 16:25			11월 12일 저녁 예배 시	· 5색 전도 예수찬양축제(12일) - 주일저녁 예배	아쉬르찬양단 초청

구분	5색 전도	주간	기간	실천사항	내용
후속단계	보라색 전도 -행 16:40 (양육 및 관리)	1주	11월 13~18일	· 결신 카드별 이슬비 전도 편지 발송 (교회 출석 가능자)	· 새가족위원회 편지부
		2주	11월 19일	· 5색 전도, Love Jesus(예수 사랑, 5색 전도) 축제 각종 시상	· 통계 자료
			11월 19일~	· 결신자 양육 훈련(신앙의 징검다리, 신앙의 길잡이, 바나바목장원)	

※ 전도 대상자 명단이 확보되면 매주 카드, 문자, 메일 등을 보낸다.

2) 기관별 릴레이 기도
- 일시: 9월 18일(월)~24일(주일), 10월 9일(월)~11월 11일(토)까지
  매일 오후 8시 ※ 수요일은 수요 예배 후
  ※ 특별새벽집회 및 추석 연휴에는 모이지 않습니다.
- 장소: ○○교회(본당)
- 기관별 릴레이 기도회 장소 및 인도자

요일	월	화	수	목	금	토	주일
기관	3, 5여	3, 4남	1, 2여	1, 2남	4, 6여	중고등	5남, 7여
인도자	루디○	황대○	여수○	고창○	여수○	김○, 이정○	루디○

※ 대학부(황대○)와 청년회(고창○)는 주일 모임 시간에 각 부서에서 기도회
- 기관별 릴레이 기도 출석 인원 보고

날짜/요일	기관	인도자	참석 인원	시간	장소

・기도 제목 – 5색 전도 기도 제목 및 기관별 기도 제목

3) 기관별 분임 전략 수립 및 기도회

・10월 8일부터 11월 5일까지 매 주일 저녁 예배 후 기관별 모임
・기관별 모임 장소 및 담당자

담당자	기관(전도회)	장소	비고
고창○ 목사	1남, 2남, 5남, 청년회	제2교육관	
황대○ 목사	3남, 4남, 대학부	중3층	
여수○ 전도사	1여, 2여, 4여, 6여	본당	
루디○ 전도사	3여, 5여, 7여	찬양대석	
김○, 이정○ 전도사	중·고등부	제1교육관	

4) 예수 사랑, 5색 전도 축제 점수제 운영

(9월 24일~11월 12일까지 50일간)

・4부분으로 나누어 실행하되 점수제로 가산하여 실행한다.

ⓐ 예배(주 4회) – 주일낮(%), 주일저녁(%), 수요저녁(3점) 구역예배(3점)

ⓑ 기도(9/25~10/3, 9일간) – 별새벽집회 및 월삭기도회(10~11월, 1회 출석-10점), 주일새벽(10점), 금요심야(10점), 기관별 릴레이 기도(1인 2점)

ⓒ 전도점수

㉠ 해당 전도 – 1회 출석(10점), 2회 출석(15점), 3회 출석(15점), 4회 출석(등반, 20점), 5회 이상 출석(매주 15점씩 가산)

㉡ 기타 전도 – 1회 출석(5점), 2회 출석(7점), 3회 출석(9점)

㉢ 등반(4주) – 20점 공통

※ 방침

㉠ (괄호) 신자도 전도로 인정

㉡ 편성 인원에 없는 사람들은 모두 전도로 인정

㉢ 본 교회 출석한 지 4주 이상(등반) 안 되신 분들도 전도한 것으로 새롭게 인정

㉣ 주일저녁 예배 참석(4회) 시 등반으로 인정(※ 단 청년·대학부만)
- 주일낮·저녁 예배 점수는 구역(지역) 편성 인원에 대한 예배 출석의 비(%)를 기본 점수로 하고 수요예배, 구역예배 점수와 기도점수, 전도 및 등반 점수는 추가점수로 계산하여 총점을 낸다.
- 차량 동원은 기존 차량을 그대로 운영하되, 지역 전도를 위하여 인원을 동원할 경우는 그 자체 지역에서 조달하는 것을 원칙으로 한다.

5) 예수 사랑, 5색 전도 특별새벽집회(9/25~10/3까지 9일간)
   - 시간: 오전 5시   · 장소: 본당
   ① 각 지역 및 기관(중·고·대·청)별 새벽 집회 연락망 조직할 것
   ② 전화벨 울려주기 운동
   ③ 특별새벽집회 차량 운행표 조직 및 제작

   > (3호차: 박영○ 집사 ☎ 016-563-0000) 벽산아파트(4:35) ➡ 경남아파트(4:36) ➡ 코오롱(4:37) ➡ 2차그린정류소(4:38) ➡ 우신(4:40) ➡ 대림할인마트(4:45) ➡ 교회 도착
   > (1호차: 권영○ 집사 ☎ 016-9502-0000) 양○주공(4:30) ➡ 금○1단지(4:38) ➡ 3단지(4:40) ➡ 4단지(4:42) ➡ 수목원 앞(4:45) ➡ 율○주공아파트(4:47) ➡ 교회 도착

   ④ 특별새벽집회 찬양대 운영(※ 특별새벽집회 기간은 금요 심야기도회 생략)
   - 9월 25일(월): 아브라함 지역
   - 9월 26일(화): 이삭 지역, 야곱 지역
   - 9월 27일(수): 요셉 지역, 다윗 지역
   - 9월 28일(목): 사라 지역
   - 9월 29일(금): 리브가 지역
   - 9월 30일(토): 라헬 지역
   - 10월 1일(주일): 중·고·대·청
   - 10월 2일(월): 한나 지역, 에스더 지역
   - 10월 3일(화): 룻 지역, 마리아 지역

6) 각종 시상(11월 26일, 주일)
   - 구역장
     ⓐ 목표달성상 - 구역별 20명 목표(D-day, 11월 19일 전도 당일)
     ⓑ 최다점수상 - 1~5등까지(구역 총점수로 합산)
   - 지역장(기관장) - 최다점수상 - 구역 1, 2, 3등

· 개인

　　ⓐ 전도상: 1~7등　　　　ⓑ 등반상: 1~5등

7) 5색 전도, Love Jesus(예수 사랑, 5색 전도) 축제에 대한 예산

　수입)

　　· 예수 사랑, 5색 전도 특별새벽집회 헌금
　　· 교회성장비
　　· 교회행사비

　지출)

　· 현수막: 80,000원
　· 벽보 및 인쇄비(기도 제목, 현황판): 300,000원
　· 초청장 및 스티커 제작비: 270,000원
　· 시상비
　　• 목표달성상(구역 목표 달성): 430,000원(43구역×1만=)
　　• 교구최다점수상(1~3등): 240,000원(10만, 7만, 7만)
　　• 구역장 시상 - • 최다점수상(1~5등): 400,000원
　　　(1등-10만, 2~3등-16만, 4~5등-14만)
　　• 개인 전도 및 등반상: 680,000원(전도 1~7등, 등반 1~5등 시상)
　· 기념품비: 8,000,000원(2,000명×4,000원=)
　　- 매주 해당 전도 + 총력 전도
　　※ 중·고·대·청은 문화상품권으로 대체
　· D-day(11월 19일) 봉사위원(차량, 안내, 사무) 간식비(김밥 등) : 300,000원
　· 외부 강사 사례: 200,000원
　· 강사접대비(담임목사님 외 다수): 200,000원
　· 아쉬르 중창단 초청(식대, 간식포함): 400,000원

　총계: 11,500,000원

예수 사랑, 5색 전도 축제를 섬기는 분들

· 대회장: 정은○ 목사
· 진행위원장: 고창○ 목사, 황대○ 목사
· 고문: 김영○, 박윤○, 오경○, 이귀○, 손영○, 조홍○, 오길○ 장로
· 실행위원: 강해○, 신경○, 김정○, 정부○, 고재○, 추재○, 정성○, 이용○, 김행○, 이재○, 양기○, 정국○, 손 ○, 김종○, 김철○, 이정○, 모혜○, 여수○, 루디○, 김○, 이정○

1) 총무부
　· 부장: 황대○ 목사　　· 총무: 양기○ 집사
　· 부원: 김행○, 손 ○, 권영○, 김철○, 최선○
　· 업무
　　① 5색 전도, Love Jesus 축제에 관한 제반적인 업무를 총 관장함 (전도지, 초청장, 스티커, 제작, 로고 제작)
　　② 실행위원들을 관리하고 각 부서의 원활한 업무가 이루어지도록 지원
　　③ 전도 현황판 제작 및 관리와 통계를 분석하고 제반적인 업무를 담임목사에게 보고한다.
　　④ 5색 전도, Love Jesus 축제에 관한 소식지를 매주 주보지 1면에 게재(칼럼 대신)

2) 기도 및 전도부
　· 부장: 추재○ 집사　　· 총무: 여수○ 전도사
　· 부원: 조상○, 김철○, 허의○, 백영○, 김필○, 구하○, 손영○, 오정○, 정현○, 홍혜○, 이정○
　· 업무
　　① 특별새벽집회　　② 금요 심야기도회　　③ 주일 새벽기도회
　　④ 교회 홍보지 및 전도지 제작　　⑤ 초청장 및 스티커 배부
　　⑥ 노방 전도 및 축호 전도대 배부(화 · 목 전도대)

⑦ 교구별 릴레이 전도

3) 예배부

· 부장: 김정○ 집사

· 부원: 윤일○, 전병○, 김호○, 이재○, 오갑○, 백애○, 우경○, 최현○, 김 ○, 이정○

· 업무

① 예배실 준비 및 장식(본당, 중3층, 유아실까지)

② 강단 장식

③ 앰프 설치

④ 프로젝터 설치 및 녹화

⑤ 결신 카드 작성(볼펜 준비) 지원 및 수거

⑥ 좌석 안내

4) 홍보부

· 부장: 이용○ 집사   · 총무: 박남○ 집사

· 부원: 석숙○, 정인○, 하복○, 이정○, 강주○, 조옥○, 모혜○, 김필○, 주정○

· 업무

① 현수막 제작

② 차량 홍보용 스티커 및 시트지 제작

③ 피켓 준비

④ 게시판 일자 표시(예: "앞으로 -20일 남았습니다.")

⑤ 인터넷 및 교회 홈페이지(이재○ 집사)

5) 시설관리부

· 부장: 정부○ 집사   · 총무: 강해○ 집사

· 부원: 추재○, 장수○, 이재○, 박영○, 조정○, 노정○, 김상○, 김숙○, 김영○

· 업무

① 행사에 관한 제반 편의 시설 설치 및 관장

② 식당 시설

③ 의자 보충

④ 화장실 점검

⑤ 기념품 배부

⑥ 교회 대청소 관장(11월 6~11일경에 택일하여 담임목사에게 보고)

· 교회 외벽 청소   · 교회 내부 청소

6) 차량부

· 부장: 신경○ 집사   · 총무: 정성○ 집사

· 부원: 김주○, 이현○, 김원○, 서현○, 이상○

· 업무

① 홍보용 차량 운행

② 운송 차량 최대 확보(1~10부까지)

③ 차량 안내

④ 주차장 점검 및 차량 안내위원 배치(※ ○○중학교 교직원 주차장 협조문)

⑤ 호각 및 차량 지시봉 준비

⑥ 유니폼에 스티커 부착("5색 전도, Love Jesus 축제")

⑦ 교회 외곽 질서 및 안내 전담

⑧ 지역 경찰서 협조

7) 안내부

· 부장: 고재○ 집사   · 총무: 루디○ 전도사

· 부원: 유봉○, 박재○, 박정○, 이정○, 김종○, 김은○, 박금○, 서순○, 임원○, 문현○, 이계○, 이명○, 이숙○, 이영임, 손희자, 정연○, 정분○, 정순○, 조현○, 진현○, 최정○, 최향○, 양필○, 김정○, 최경○, 유명○, 백미○

· 업무

① 1부에서 6부까지 효과적으로 안내를 담당

② 안내 위치: 차도, 본당 1층 내·외부, 1층 로비, 2층 계단, 2층 본당 입구, 3층 계

단, 중3층 내부

③ 안내위원은 통일된 복장(머플러 또는 기타)으로 안내할 것

④ 안내 교육을 실시하여 밝은 미소, 봉사 정신으로 안내할 것

⑤ 안내도 제작

⑥ 의약품 준비(※ 담당: 서태○ 집사, 남성○ 집사)

8) 재정부

·부장: 고재○ 집사   ·부원: 정국○, 김종○, 이용○

·업무: 5색 전도, Love Jesus 축제에 소용되는 제반적인 재정을 지원하고 재정 부족 시에 자금 조달을 책임진다.

9) 양육부

·부장: 손 ○ 집사   ·총무: 여수○, 루디○ 전도사

·부원: 새가족위원회(이슬비 전도편지부, 양육부)

·업무

① 양육 훈련("신앙의 징검다리" 5주, "신앙의 길잡이" 7주, "호모수만돈 성경공부" 14주 실시)

② 결신자 카드 회수 및 분류 작업, 이슬비 전도편지 발송

③ 심방 및 기관에 지원

④ 결신자 재초청 주일(6월 5일) 준비

10) 간식부

·부장: 이정○ 권사   ·차장: 모혜○ 집사

·부원: 김정○, 박종○, 이숙○, 조현○, 구영○, 루디○ 전도사

·업무

① 강사 목사님의 간식 및 식사를 조달

② 안내 및 차량 위원회 간식을 조달

일정 진행 계획

구분		일자	9														10								
			2 토	3 주	8 금	10 주	12 화	13 수	17 주	19 화	21 목	22 금	23 토	24 주	25 월	27 수	29 금	30 토	1 주	2 월	3 화	4 수	5 목	6 금	8 토	9 주	10 월
예배	주일낮 예배(5)													■					■						■		
	주일밤 예배(5)													■					■						■		
	삼일밤 예배(5)															■						■					
	구역예배(3)																										
기도	특별새벽기도회(3)												■	■	■	■	■	■	■	■	■	■	■				
	주일 새벽기도회(3)													■					■						■		
	금요 심야기도회(3)											■					■							■			
전도	전도(10)												■	■	■	■	■	■	■	■	■	■	■	■	■		
	등반(20)													■	■	■	■	■	■	■	■	■	■	■			
	릴레이 전도													■		■		■		■		■		■			
	화·목 전도팀														■			■			■			■			
준비단계	프로젝트 수립		■	■	■	■	■																				
	교역자 세미나						■																				
	세미나 및 전략 수립						■	■	■																		
	사무 행정 및 인쇄 완료								■	■	■	■															
	홍보물 벽보 및 게시판 부착											■	■														
실행단계	전도 축제 선포식													■													
	5색 전도 대상자 선정 주간													■	■	■	■	■									
	기도하는 주간 2														■	■	■	■	■								
	힘쓰는 주간																								■		
	빌립보 주간																										
	접근하는 주간																										
	루디아 주간																										
	복음의 기적/총력 전도 주간																										
	D-Day																										
후속단계	결신 카드 및 편지 발송																										
	전도 축제 각종 시상																										
	결신자 양육 훈련																										
	결신자 재초청 주일																										

					10																		11												
11	12	13	14	15	17	18	19	20	21	22	24	25	26	27	28	29	31	1	2	3	4	5	7	8	9	10	11	12	14	15	17	18	19	20	21	22	26	1
수	목	금	토	주	화	수	목	금	토	주	화	수	목	금	토	주	화	수	목	금	토	주	화	수	목	금	토	주	화	수	금	토	주	월	화	수	주	주

표1

2006 예수 사랑, 오색 전도 축제 전도 및 등반 현황표

◆ 범주: ① 빨간 그래프(전도) ② 녹색 그래프(4주 등반)

목표 달성																						
200명																						
150명																						
100명																						
50명																						
남 전도회	1남 아브라함	1구역	2구역	3구역	4구역	5구역	2남 이삭	1구역	2구역	3구역	3남 야곱	1구역	2구역	3구역	4구역	4남 요셉	1구역	2구역	3구역	5남 다윗	1구역	2구역	청년회	대학부	고등부	중등부

표2

2006 예수 사랑, 오색 전도 축제 전도 및 등반 현황표

◆ 범주: ① 빨간 그래프(전도) ② 녹색 그래프(4주 등반)

목표
달성

여 전도회	1여사라	1구역	2구역	3구역	4구역	2여리브가	1구역	2구역	3구역	3여라헬	1구역	2구역	3구역	4구역	4여한나	1구역	2구역	3구역	5여에스더	1구역	2구역	3구역	4구역	6여룻	1구역	2구역	3구역	4구역	7여마리아	1구역	2구역	3구역	4구역	5구역

(y축: 50명, 100명, 150명, 200명)

5색 전도 운동 지역별 점수 현황

점수 / 지역	아브라함	이삭	야곱	요셉	다윗	사라	리브가	라헬	한나	에스더	룻	마리아	청년회	대학부	고등부	중등부	총계
10,000																	
9,000																	
8,000																	
7,000																	
6,000																	
5,000																	
4,000																	
3,000																	
2,000																	
1,000																	

각 지역별 D-day(11월 12일) 예상 및 확정 인원 현황

일자 \ 구분	교구	아브라함	이삭	야곱	요셉	다윗	사라	리브가	라헬	한나	에스더	룻	마리아	청년회	대학부	고등부	중등부	총계
9월 24일	예상																	
	확정																	
10월 1일	예상																	
	확정																	
10월 8일	예상																	
	확정																	
10월 15일	예상																	
	확정																	
10월 22일	예상																	
	확정																	
10월 29일	예상																	
	확정																	
11월 5일	예상																	
	확정																	
6일	확정																	
7일	확정																	
8일	확정																	
9일	확정																	
10일	확정																	
11일	확정																	
총계	예상																	
	확정																	

_____ 구역 5색 전도 운동 보고서

2006. . .

구분	종류	1구역	2구역	3구역	4구역	5구역	6구역	총인원	점수
	편성 인원								
예배	주일낮 (%)								
	주일밤 (%)								
	삼일밤 (3점)								
	구역 (3점)								
기도	특별새벽 (10점)								
	주일새벽 (10점)								
	심야 기도 (10점)								
	릴레이 기도 (2점)								
전도	1회 출석 (10, 5점)								
	2회출석 (15, 7점)								
	3회 출석 (15, 9점)								
등반	4회 출석 (20점)								
	5회 이상 (15점)								
총 점수									
예상 인원									
확정 인원									

전교인 특별새벽집회 출석 스티커(양식)

_____ 지역 _____ 구역 5색 전도 운동 보고서

2006.   .   .   보고자: (* 구역장용)

종류	예배				기도			전도			등반		D-day	
구분	주일낮	주일밤	삼일밤	구역	특별새벽	주일새벽	심야	1회 출석	2회 출석	3회 출석	4회 출석	5회 이상	예상 인원	확정 인원
인원														

5장
VIP PLUS 전도 축제
(2008년 4월 13일~6월 1일)

1. VIP PLUS 전도 축제란?

2008년 4월 13일부터 6월 1일까지 진행된 'VIP PLUS 전도 축제'는 '자신의 삶 가운데 가장 중요한 VIP를 선정하여 그분만큼은 반드시 전도하겠다는 다짐과 약속의 실천'을 모티브로 하였습니다. 우리에게 있어서 VIP는 불신남편 또는 불신아내일 수도 있고, 오랜 친구이거나 우리에게 너무나 많은 도움을 준 이웃일 수도 있습니다. 바로 그분을 전도하는 일은 사실 그 어떤 일보다 우선시 되어야 할 가치 있는 사명이었습니다.

2008년의 관계 전도는 이와 같이 '나만의 VIP'를 초청하는 '가치 중심의 전도'입니다. 2005년 펜트 전도 축제부터 시작된 관계 전도는 2006년 아파트 전도를 위한 예수 사랑 5색 전도 축제와 2007년 1,336명의 태신자를 등록시킨 '태신자 전도 축제'에 이르기까지 3년간에 걸친 노하우와 경험을 통하여 관계 전도의 전도 전략과 방향성을 정립하게 되었습니다.

이로써 2008년의 VIP PLUS 전도 축제는 'VIP'뿐만 아니라 그 VIP를 통한 'PLUS 시너지' 효과를 기대하고 있습니다. 즉, 아내인 교인이 '불신 남편'을 VIP로 전도하면 '불신 남편의 부모님'까지 전도되는 플러스 효과가 있다는 것입니다. 나의 오랜 절친을 VIP로 전도하면 다른 친구들까지 전도할 수 있으며, 옆집에 사는 가정주부를 VIP로 전도하면 그 자녀나 남편까지 전도할 수 있는 놀라운 효과가 있다는 것입니다.

이러한 VIP PLUS 전도를 통하여 2008년 VIP PLUS 전도 축제에는 1,170명이 등록을 하였으며, 이 가운데 186명이 PLUS 효과로 전도된 새가족이었습니다. VIP PLUS 전도 축제는 축제 초청장을 특별하게 제작하여 고급스러운 디자인으로 하였으며, 유명한 음악회 초대장과 같이 받는 사람들이 초대장에서부터 감동 받을 수 있도록 설계하였습니다. 이러한 세심한 배려는 축제에 초대된 사람들로 하여금 기대감을 갖게 하고 보다 적극적으로 동참할 수 있는 계기가 되었습니다.

1999년 이후 개최된 모든 전도 축제에는 나름대로 정성을 다한 가치 있는 선물을 새가족들에게 제공하였습니다. 특별히 2008년 VIP PLUS 전도 축제에는 VIP에 어울리는 2만9

천 원대 이상의 선물(소비자가 4만 원 상당)로 준비하여 더 높은 참여율을 가져올 수 있었습니다.

2008년 VIP PLUS 전도 축제는 '나만의 VIP'를 위한 관계 전도로서 많은 성도들의 자발적인 참여를 가져 왔습니다. 그래서 그 동안 교회에 단 한 번도 오지 않았던 불신 가족들의 전도가 예상외로 많았으며, 수십 년 동안 함께해 온 절친들도 상당 인원이 있었습니다. 더욱이 80세를 넘긴 노부모를 전도한 성도들은 D-DAY에 감격의 눈물을 흘리는 등 VIP PLUS 전도 축제는 생생한 감동의 현장이 되었습니다.

2. 2008 VIP PLUS 전도 축제의 기획

배경과 목적

1) 우리 교회 금년 표어 "확장 전진 갑절의 영감으로…" 정하고 이에 맞추어 VIP 전도 축제를 통해서 하나님의 말씀과 기도로 부흥하는 ○○교회가 되도록 한다.
2) VIP 전도 축제는 관계 전도에 중점을 둔다. VIP(very important person)는 자신의 가장 친한 친구, 이웃, 직장 동료 등으로 이번 전도 축제 때에 자기에게 가장 귀하고 소중한 사람을 전도 대상자로 정하여 1·4·2·0 운동에 적극 동참하게 한다(※ 3~4부는 노약자 전도는 제외, 5부는 중·고·대·청년부에 해당하는 자만 전도).
3) 1·4·2·0 운동은
   · 제일(1) 사랑하는(4) 두 명(2)의 영혼(0)을 주님께로 인도하는 운동
   · 하루(1)에 네 번(4) 기도하며 두 번(2) 전화함으로 영혼(0)을 주님께로 인도하는 운동으로 이번 VIP 전도 축제에 ○○교회 성도 한 사람이 두 명의 영혼을 책임지고 전도하는 운동이다[네 번(4) 기도는 식사 기도 시 3번 하고 정시 기도 시 1번 하며, 두 번(2) 전화는 작정된 두 명의 VIP 전도 대상자에게 한 번씩 전화함].
4) 2009 플러스 성장 축제는 VIP 전도 축제가 끝나는 다음 주인 6월 8일부터 시작되며

VIP 전도 축제 때 등록한 새가족들이 2009년에 교구에 편성되는 것을 목표로 하는 전도 축제 후 새가족 관리 프로그램이다.

2008 VIP 플러스 전도 축제 계획

1) 명칭: VIP 플러스 전도 축제(1·4·2·0 운동)
2) 구호: 제일(1) 사랑하는(4) 두 명의(2) 영혼을(0) 구원시키자!
3) 기간: 4월 13일~6월 1일(8주, 56일간)
4) 선포식: 3월 9일(둘째 주) 주일 낮 2~3부 예배 시
5) 전도 축제 주일(D-day): 2008년 6월 1일(주일)

6) D-DAY 예배시간 안내
   · 1부: 오전 7시(예배 및 1부 예배)
   · 2부: 오전 8시 30분(대상-할아버지, 할머니)
   · 3부: 오전 10시(전도 대상자)
   · 4부: 오전 11시 30분(전도 대상자)
   · 5부: 오후 1시 30분(중·고등부-본당, 대학·청년부-제1교육관)
     ※ 외부 강사 초빙
   · 6부: 저녁예배 - VIP 플러스 찬양 축제
     ※ 유치부 예배 - 오전 10시 ※ 유·초등부 예배 - 오전 8시 30분

7) 전도 목표
   · 교구 전도 대상자 전도 목표: 약 634명(기존 편성 374명의 85%인 317명X2명=)
   · 중·고·대·청년회 전도 대상자 전도 목표: 204명(기존 편성 120명의 85%인 102명X2명=)
   · 전도 작정자 결신 목표(중·고·대·청 포함): 251명(838명 중 30% 결신)
   · 2009 교구 편성 목표: 625명(기존 편성 374명+결신자 251명=)
   · 2008 자진 등록 목표: 100명

· 2009 교구 편성 총괄 목표: 725명(기존 374명+251명+100명=)
· 2009 청년대학부 이상 1~3부 목표: 1,000명 회복의 원년

8) 2008년 교구별 목표 달성 인원

2008 VIP 플러스 전도 축제의 핵심은 정착 가능한 전도 작정자의 엄격한 정보 관리를 통하여 2009년 교구 성장 1,000명 회복의 해를 목표로 하고 있으며, 이러한 교구 중심의 전도 목표에 전교인이 일치단결하여 적극 동참해야만 성공적인 전도 축제가 될 수 있음을 직시해야 할 것입니다.

교구	편성 인원	목표 인원	결신 인원	교구	편성 인원	목표 인원	결신 인원
1교구		53명	16명	7교구		50명	15명
2교구		46명	14명	8교구		53명	16명
3교구		58명	17명	9교구		53명	16명
4교구		56명	17명	10교구		46명	14명
5교구		53명	16명	11교구		60명	18명
6교구		46명	14명	12교구		60명	18명
총계		312명	94명	총계		325명	96명
중등부		68명	20명	대학부		43명	13명
고등부		64명	19명	청년회		29명	9명

· 전도 대상자 목표 인원은 편성 인원X85%X2명으로 계산하였음.
· 결신 인원은 전도 목표 인원의 30%임.
· 교구 총 전도 목표: 634명, 결신 목표: 190명, 중·고·대·청~교구 총 전도 목표: 1,253명
· 중·고·대·청년회 전도 목표: 204명, 결신 목표: 61명

9) 전도 구호 제창: 제일 사랑하는, 세 명의 영혼을, 구원시키자!

10) 전도 주제가(찬송가 257장 「듣는 사람마다 복음 전하여」 개사곡)

11) VIP 플러스 전도 축제 10대 기도 제목

- ○○, ○○, ○○동과 ○○, ○○ 지역을 복음화하게 하옵소서!
- 개인의 영적 회복과 교회의 부흥을 허락하여 주시옵소서!
- 이번 VIP 전도 축제에 나에게 세 명의 영혼을 꼭 붙여 주시옵소서!
- 구역과 교구(기관)의 전도 목표가 반드시 달성되게 하옵소서!
- 전도 축제를 통해서 정착 교인 150명을 꼭 허락하여 주옵소서!
- 온 성도가 영혼 구원에 끝까지 헌신하는 전도 축제가 되게 하옵소서!
- 온 성도가 기쁨으로 순종하고 전도에 앞장서게 하옵소서!
- 하나님께서 주신 지혜와 능력으로 완벽하게 준비하게 하옵소서!
- 담임목사님의 말씀을 통해서 주께로 돌아오는 생명의 역사가 일어나게 하옵소서!
- 전도 축제 기간 전후를 통하여 마귀의 시험이 결코 없게 하옵소서!

12) VIP 플러스 전도 대상자 설정

· VIP 플러스 전도 축제는 관계 전도입니다.

VIP 전도 대상자는 자신의 가장 친한 친구, 이웃, 직장 동료 등으로 전도 축제에 꼭 복음을 전하기를 원하는 사람을 작정하셔야 합니다.

· 전도 대상자 설정

① 불신 가족 및 친척   ② 믿다가 낙심한 자
③ 이웃 사람   ④ 한 번이라도 교회에 나왔던 사람
⑤ 반상회원   ⑥ 세든 사람(주인)
⑦ 직장 및 사업 동료들   ⑧ 친구, 동창생, 선후배, 고향 사람
⑨ 배달원(우유, 신문 등) ⑩ 외판원(화장품, 미용사원, 보험)
⑪ 자모회, 학부모회   ⑫ 단골손님
⑬ 학교, 학원, 유치원 교사 ⑭ 기타 정착 가능한 모든 사람들

※ 노인정과 어르신 전도는 1부 예배로 인정되며, 교구 전도에는 할아버지, 할머니를 제외한 인원만 인정합니다(중·고·대·청년회는 해당 부서에 전도로 인정함).

3. VIP PLUS 전도 축제의 세부 계획

1) VIP 플러스 전도 축제 세부 계획(도표)

구분	기도	주간		기간	실천사항	내용
준비 단계	하루에 (1) 네 번 (4) 기도 하고 세 번 (3) 전화 하기 운동	전략 수립 주간	1주	2월 25일 ~3월 1일	· VIP 전도 축제 · 플래카드 기획 및 게시 · 제반적인 업무 기획 수립(스티커, 초청장, 현수막, 행정 등)	· 교직원 설명회(업무 분담)
			2주	3월 2~8일	· VIP 전도 축제 사무 행정 및 인쇄물 완료(스티커, 현수막, 초청장 등) · VIP 전도 축제 홍보물 벽보 및 게시판 부착 완료	· VIP 전도 축제 설명회(교구장, 지구장, 권찰장, 권찰)
			3주	3월 9일	· VIP 전도 축제 선포식(9일) · VIP 전도 대상자 작성서 배부	· 전도 대상자 작정서 양식: (성명, 주소, 생일, 연락처, 직업, 가족 상항, 각종 정보 기재)
		행정 및 홍보물 부착 주간	4주	3월 16~23일	· 전도 작정서 제출 기간 · VIP 전도 대상자 교회 1층 로비 게시판 부착 공고	· 전도 축제에 관한 제반 업무 · 지역별 전도 및 등반 현황 스티커, 현수막 부착
			5주	3월 23일	· 전도 축제 세미나 · 전도 축제 초청장 발행	· 타 교회 전도왕 초청 간증 집회
			6주	3월 30일	· 제1차 교구장, 지구장, 권찰장, 권찰, 전도전략회의	· 전도자는 전도 작정자에게 문자 메시지를 매주 보내고, 메일, 카드 등을 통하여 지속적인 관심을 갖는다.
			7주	4월 6일	· 제1여전도회 헌신예배 · 제2차 교구장, 지구장, 권찰장, 권찰, 전도전략회의	· VIP 전도 대상자 요람 만들어 전교인에게 배포함
실행 단계		전도 주간	1주	4월 13일	· 전도 축제 1주차/교구장, 지구장, 권찰, 기관장, 기관 임원이 반드시 전도 대상자를 초청하는 주일 · 제3차 교구장, 지구장, 권찰장, 권찰 전도전략회의 · 선교위원회 헌신예배	전도 축제 1주차 실행위원회 결과 보고 및 2주차 계획회의 전도 작정자에게 문자 메시지 보내기
			2주	4월 20일	· 전도 축제 2주차/구역원, 기관 회원, 청년대학부가 반드시 전도 대상자를 초청하는 주일	· 전도 축제 2주차 실행위원회 결과 보고 및 3주차 계획회의 · 제4차 교구장, 지구장, 권찰장, 권찰 전도전략회의

		주차	날짜	내용	비고
하루에 (1) 네 번 (4) 기도하고 세 번 (3) 전화하기 운동		3주	4월 27일	· 전도 축제 3주차/남자 교인들이 반드시 전도 대상자를 초청하는 주일 · 제2여전도회 헌신예배 · 5월 월삭 집회(1~3일)	· 전도 축제 3주차 실행위원회 결과 보고 및 4주차 계획회의 · 제5차 교구장, 지구장, 권찰장, 권찰 전도전략회의
		4주	5월 4일	· 전도 축제 4주차/여자 교인들이 반드시 전도 대상자를 초청하는 주일 · 제1차 전도 축제 결신자의 등반 상황과 출석 일수 점검 · 안나여전도회 헌신예배	· 전도 축제 4주차 실행위원회 결과 보고 및 5주차 계획회의 · 제6차 교구장, 지구장, 권찰장, 권찰 전도전략회의 · 목회 서신 발송(결신자에게)
		5주	5월 11일	· 전도 축제 5주차/1~4구역 교인이 반드시 전도 대상자를 초청하는 주일 · 제2차 전도 축제 결신자의 등반 상황과 출석 일수 점검 · 전도 축제 전교인 부흥사경회	· 전도축제5주차실행위원회 결과보고 및 6주차계획회의 · 제7차교구장,지구장,권찰장, 권찰 전도전략회의
		6주	5월 18일	· 전도 축제 6주차/5~8구역 교인이 반드시 전도 대상자를 초청하는 주일 · 제3차 전도 축제 결신자의 등반 상황과 출석 일수 점검	· 전도 축제 6주차 실행위원회 결과 보고 및 7주차 계획회의 · 제8차 교구장, 지구장, 권찰장, 권찰 전도전략회의
	총력전도주간	7주	5월 25일	· 전도 축제 7주차/전도 작정자 가운데 아직 한 번도 출석하지 않은 사람을 반드시 초대하는 주일 · 제4차 전도 축제 결신자의 등반 상황과 출석 일수 점검 · 제4여전도회 헌신예배 · 기념품 선정	· 전도 축제 7주차 실행위원회 결과 보고 및 8주차 계획회의 · 제9차 교구장, 지구장, 권찰장, 권찰 전도전략회의 · 교회 대청소
		8주	6월 1일	· 전도 축제 8주차/총동원 전도 축제일 · 4부 예배 기념품 지급	· 전도 축제 8주차/전도 축제 보고서 발표 및 사후 계획회의
찬양전도축제			6월 1일 저녁예배 시	VIP와 함께하는 찬양 예배 -주일저녁 예배 (전도 축제 시상은 6월 8일 주일낮 3부 예배 시간에 함/통계/교역자실)	찬양단 초청(아쉬르찬양단)

		1단계	6월 2일 ~11월 31일	· 결신 카드별 이슬비 전도편지 발송, 메일, 문자 메시지(교회 출석 가능자)	· 새가족위원회 편지부
후 속 단 계	2009 플러스 성장 축제	2단계	6월 8일 ~11월 31일	· VIP 플러스 전도 작정자 등반자 지속 관리를 위한 정보 교류와 심방	· 전도 작정자 요람 · 바나바목장원의 활동
		3단계	9월 21일	· VIP 결신자들을 위한 신앙 간증 집회	간증자: ?
		4단계	10월 19일	· VIP 결신자들을 위한 찬양 축제	
		5단계	11월 23일	· VIP 결신자들을 위한 환영예배	
		6단계	6월 8일 ~ 11월 31일	· 등반자를 위한 본격적이고 즉각적인 양육 훈련("신앙의 징검다리" "신앙의 길잡이" "바나바목장원") *전도 작정자 미결신자를 위한 기도회와 결신을 위한 지속적인 관심과 심방, 정보 교류 *교육 수료한 등반자 2009 교구 편성에 포함	· 새가족위원회 교육지원부 · 바나바목장원의 활동 강화 · 교구, 기관장의 활동 강화 · 교역자실 결신자 정보 관리 및 출결 상황 수시 점검

2) '새벽을 넘어 저녁에 이르는' 교구별 릴레이 기도

· 일시: 3월 24일(월)~4월 6일(주일), 2주간 매일 오후 8시

· 장소: ○○교회 본당

· 교구별 릴레이 기도회 인도자

요일	월	화	수	목	금	토	주일
기관	1~3교구	4~6교구	전교인	7~9교구	10~12교구	중고등부	청년대학부
인도자	김태○	김태○	담임목사	김요○	김요○	김현○	김태○

· 기관별 릴레이 기도 출석 인원 보고

날짜/요일	기관	인도자	참석 인원	시간	장소

· 기도 제목 – VIP 플러스 전도 축제를 위하여 집중 기도함.

3) 고난 주간 및 VIP 플러스 전도 축제 초청 새생명을 위한

   전교인 총진군 특별새벽기도회

   · 일시: 3월 17일(월)~23일(주일): 7일간 새벽 5시

   ① 각 교구 및 기관(중·고·대·청)별 새벽 집회 연락망 조직할 것

   ② 전화벨 울려 주기 운동

   ③ 특새 찬양대 운영(※ 금요 심야기도회는 특별새벽집회로 대신함)

   - 3월 17일(월): 1남, 2남, 3남전도회
   - 3월 18일(화): 4남, 5남, 6남전도회
   - 3월 19일(수): 1여, 2여전도회
   - 3월 20일(목): 3여, 4여전도회
   - 3월 21일(금): 5여, 6여, 7여전도회
   - 3월 21일(금) 오후 7시 30분 정사예배: 시온찬양대
   - 3월 22일(토): 8여, 9여, 10여전도회
   - 3월 23일(부활주일): 할렐루야찬양대

4) 부활주일, VIP 플러스 전도 축제 마이너스 21 총전도 무결석 주일

   · 일시: 3월 23일(주일) 낮 예배 1~3부

   · 출석 목표: 1,000명(1~3부 예배 총 참석자)

5) 각종 시상(6월 8일, 주일)

   시상은 결신자 중심, 등반자 중심으로 시상하되, 노인정 전도는 1부 전도로 편성하고 교구 전도는 인정하지 않음을 원칙으로 함

   · 교구

     ⓐ 목표달성상 – 교구별 전원 목표

     ⓑ 최다결신상 – 1~5등까지(교구 총 결신자로 합산)

   · 개인

     ⓐ 전도상: 1~5등

     ⓑ 등반상: 1~5등

6) VIP 플러스 전도 축제에 대한 예산

수입)

- VIP 플러스 전도 축제 특별새벽집회 각종 헌금(고난주간 특새)
- 전도 축제 전교인 부흥사경회 특별집회 헌금(예산 수입을 제외한 금액)
- 교회행사비
- 교회성장비

지출)

- 현수막: 150,000원
- 벽보 및 인쇄비(기도 제목, 현황판): 300,000원
- 초청장 및 스티커, 전도 작정자 요람 제작비: 500,000원
- 시상비
- 목표달성상(구역 목표 달성): 600,000원(12교구×5만=)
- 교구 최다결신상(1~5등): 700,000원(1등: 20만, 2등: 15만, 3등: 13만, 4등: 12만, 5등: 10만)
- 개인 전도 및 등반상: 700,000원(전도 1~5등, 등반 1~5등 시상)
- 기념품비: 8,500,000원(1,700명×5,000원=, 매 주일 및 D-day)
  ※ 중·고·대·청은 문화상품권으로 대체
- D-day 봉사위원(차량, 안내, 행정 인원) 간식비: 300,000원
- 외부 강사 사례: 400,000원(중·고등부 - 200,000원 대학·청년부 - 200,000원)
- 강사 접대비(담임목사님 외 다수): 200,000원
- D-DAY 찬양단 초청(사례, 식대, 간식 포함): 500,000원

_____

총계: 12,850,000원

VIP 플러스 전도 축제 실행위원회

- 대회장: 정은○ 목사
- 진행위원장: 김태○ 목사
- 고문: 김영○, 박윤○, 오경○, 이귀○, 손영○, 조홍○, 오길○
- 실행위원: 강해○, 신경○, 김정○, 정부○, 고재○, 정성○, 이용○, 김행○, 이재○, 양기○, 정국○, 손 ○, 김종○, 최선○, 박남○, 김치○, 이현○, 이정○, 모혜○, 여수○, 에스○, 한 ○, 김현○, 곽충○

1) 기획 총무팀
   - 팀장: 김요○ 목사
   - 차장: 손 ○ 집사
   - 팀원: 권영○, 양기○, 임성○
   - 업무
     ① VIP 플러스 전도 축제에 관한 제반적인 업무를 총 관장함(전도지, 초청장, 스티커 제작, 로고 제작)
     ② 실행위원들을 관리하고 각 부서의 원활한 업무가 이루어지도록 지원
     ③ 전도 현황판 제작 및 관리와 통계를 분석하고 제반적인 업무를 담임목사에게 보고한다.
     ④ VIP 플러스 전도 축제에 소식지를 매주 주보지 1면에 게재(칼럼 대신)

2) 중보기도 및 총력전도팀
   - 총괄팀장: 허의○ 권사
   - 전도팀장: 구하○ 권사
   - 기도팀장: 하복○권사
   - 팀원: 석숙○, 김필○, 임명○, 백영○, 정인○, 오정○, 하복○, 손영○, 홍혜○, 이정○, 이정○, 정희○, 오갑○, 정현○, 박옥○, 백애○, 강주○, 한신○, ○모혜자
   - 업무

① 특별새벽집회, 새벽기도회

② 금요심야기도회

③ 교회 홍보지, 전도지 제작

④ 교구별 전략 전도 대회

⑤ 초청장 및 스티커 배부

⑥ 화·목 전도특공대 총 진군

3) 영상 예배 지원팀

· 팀장: 김정○ 집사

· 팀원: 윤일○, 김성○, 김호○, 이재○, 최현○, 김현○, 곽충○, 정성○, 김남○, 이흔○, 김경○, 박지○, 최솔○, 양은○, 양은○, 정주○

· 업무

① 예배실 준비 및 장식(본당, 중3층, 유아실)

② 강단 장식

③ 앰프 설치, 프로젝터 설치 및 녹화

④ 인터넷, 교회 홈페이지를 통한 예배 실황 중계

⑤ 결신 카드 작성(볼펜 준비) 지원 및 수거

⑥ 좌석 안내

4) 홍보팀

· 팀장: 김행○ 집사

· 차장: 박남○ 집사

· 팀원: 남형○, 권영○, 김필○, 구영○, 김경○, 최분○

· 업무

① 현수막 제작

② 차량 홍보용 스티커 및 시트지 제작

③ 피켓 준비

④ 게시판 일자 표시

⑤ 전도 축제 지역, 기업에 단위별 적극 홍보

5) 시설 지원팀
- 팀장: 이용○ 집사
- 차장: 강해○ 집사

  팀원: 정부○, 장수○, 이재○, 옥경○, 김경○, 김동○, 이경○, 이흔○, 오정○, 박지○, 허영○, 권찰 전원
- 업무

  ① 행사에 관한 제반 편의 시설 설치 및 관장

  ② 식당 시설

  ③ 의자 보충

  ④ 화장실 점검

  ⑤ 기념품 배부

  ⑥ 교회 대청소 관장(교회 외벽 청소, 교회 내부 청소)

6) 재정 관리팀
- 팀장: 정국○ 집사
- 팀원: 김종○, 이용○, 이재○
- 업무: VIP 플러스 전도 축제에 소용되는 제반적인 재정을 지원하고 재정 부족 시에 자금 조달을 책임진다.

6) 차량 지원팀
- 팀장: 신경○ 집사
- 차장: 정성○ 집사
- 팀원: 김주○, 이현○, 김원○, 서현○, 이상○, 박영○
- 업무

  ① 홍보용 차량 운행

  ② 운송 차량 최대 확보(1~10부까지)

③ 차량 안내

④ 주차장 점검 및 차량 안내위원 배치

⑤ 호각 및 차량 지시봉 준비

⑥ 유니폼에 스티커 부착("VIP 플러스 전도 축제")

⑦ 교회 외곽 질서 및 안내 전담

⑧ 지역 경찰서 협조

7) VIP 환영팀

· 팀장: 고재○ 집사

· 차장: 김철○ 집사

· 팀원: 김은○, 박금○, 서순○, 임원○, 문현○, 이계○, 임명○, 이숙○, 이영○, 손희○, 정분○, 정순○, 조현○, 최정○, 구영○, 이경○, 윤지○, 정우○, 이향○, 양필○, 김영○, 유명○

· 업무

① 1부에서 6부까지 효과적으로 안내를 담당

② 안내 위치: 차도, 본당 1층 내·외부, 1층 로비, 2층 계단, 2층 본당 입구, 3층 계단, 중3층 내부

③ 안내위원은 통일된 복장(머플러 또는 기타)으로 안내할 것

④ 안내 교육을 실시하여 밝은 미소, 봉사 정신으로 안내할 것

⑤ 안내도 제작

⑥ 의약품 준비(※ 담당: 서태○)

8) VIP 정착 지원팀

· 팀장: 손 ○ 집사

· 교육팀장: 여수○, 에스○ 전도사

· 팀원: 새가족위원회(이슬비 전도편지부, 양육부)

· 업무

① 양 육 훈련("신앙의 징검다리" 5주, "신앙의 길잡이" 7주, "호모수만돈 성경공부"

14주 실시)

② 결신자 카드 회수, 분류, 이슬비 전도편지 발송

③ 심방 및 기관에 지원, 전도 작정자 요람 명단 지속 관리

④ 결신자 및 전도 미작정자 재초청 준비 및 안내지 발송

10) 식음료 지원팀
- 팀장: 하복○ 권사
- 차장: 이정○ 권사
- 팀원: 강주○, 박옥○, 이숙○, 구영○, 김경○, 이영○, 정동○
- 업무

    ① 강사 목사님의 간식 및 식사를 조달

    ② 안내 및 차량 위원회 행정지원부서 간식과 각종 차와 음료를 공급하고 조달함

일정 진행 계획

구분		월: 2월 / 일자	24 주	25 월	26 화	27 수	28 목	29 금	3월 1 토	2 주	3 월	4 화	5 수	6 목	7 금	8 토	9 주	10 월	11 화	12 수	13 목	14 금	15 토	16 주	17 월	18 화	19 수
예배	주일낮 예배		■						■							■							■			
예배	주일밤 예배		■						■							■							■			
예배	삼일밤 예배					■						■							■							■
예배	구역예배						■																			
기도	특별새벽기도회																									
기도	주일 새벽기도회		■						■							■							■			
기도	교구별 릴레이 기도																									
기도	1430 기도 운동		▨	▨	▨	▨	▨	▨	▨	▨	▨	▨	▨	▨	▨	▨	▨	▨	▨	▨	▨	▨	▨	▨	▨	▨
기도	금요 심야기도회							■							■							■				
전도	전도																									
전도	등반																									
전도	교구별 전략 전도																									
전도	화수목 전도팀			■	■	■				■	■	■					■	■	■					■	■	■
준비단계	프로젝트 수립			▨	▨	▨	▨	▨	▨																	
준비단계	교역자 세미나								▨																	
준비단계	세미나 및 전략 수립			▨	▨	▨	▨	▨	▨	▨	▨	▨	▨	▨	▨											
준비단계	사무 행정 및 인쇄 완료					▨	▨	▨	▨	▨	▨	▨	▨	▨	▨											
준비단계	홍보물 벽보 및 게시판 부착			▨	▨	▨	▨	▨	▨	▨	▨	▨	▨	▨	▨											
실행단계	VIP 플러스 전도 축제 선포식															■										
실행단계	교구장, 기관 임원, 권찰 전도																									
실행단계	구역원, 청년대학부 전도																									
실행단계	남자 교인들이 전도하는 주간																									
실행단계	여자 교인들이 전도하는 주간																									
실행단계	1~4구역원이 전도하는 주간																									
실행단계	5~8구역원이 전도하는 주간																									
실행단계	마지막 천국 백성 전도 주간																									
실행단계	VIP D-Day																									
후속단계	결신 카드 및 편지 발송																									
후속단계	전도 축제 각종 시상																									
후속단계	결신자 양육 훈련																									
후속단계	결신자 재초청 주일																									

	3												4																				
20	21	22	23	24	25	26	27	28	29	30	31	1	2	3	4	5	6	7	8	9	10	11	12	13	14	15	16	17	18	19	20	21	22	23	24	25	26	27
목	금	토	주	월	화	수	목	금	토	주	월	화	수	목	금	토	주	월	화	수	목	금	토	주	월	화	수	목	금	토	주	월	화	수	목	금	토	주

구분		일자	4월 28 월	29 화	30 수	5월 1 목	2 금	3 토	4 주	5 월	6 화	7 수	8 목	9 금	10 토	11 주	12 월	13 화	14 수	15 목	16 금	17 토	18 주	19 월	20 화	21 수	22 목	23 금
예배		주일낮 예배							■							■							■					
		주일밤 예배																										
		삼일밤 예배			■							■							■							■		
		구역예배					■																					
기도		특별새벽기도회	■																									
		주일 새벽기도회							■							■							■					
		교구별 릴레이 기도																										
		1430 기도 운동	■	■	■	■	■	■	■	■	■	■	■	■	■	■	■	■	■	■	■	■	■	■	■	■	■	■
		금요 심야기도회					■							■							■							■
전도		전도																										
		등반																										
		교구별 전략 전도																										
		화수목 전도팀		■	■	■					■	■	■				■	■	■					■	■	■		
준비단계		프로젝트 수립																										
		교역자 세미나																										
		세미나 및 전략 수립																										
		사무 행정 및 인쇄 완료																										
		홍보물 벽보 및 게시판 부착																										
실행단계		VIP 플러스 전도 축제 선포식																										
		교구장, 기관 임원, 권찰 전도																										
		구역원, 청년대학부 전도																										
		남자 교인들이 전도하는 주간																										
		여자 교인들이 전도하는 주간	■	■	■	■	■	■																				
		1~4구역원이 전도하는 주간								■	■	■	■	■	■													
		5~8구역원이 전도하는 주간															■	■	■	■	■	■						
		마지막 천국 백성 전도 주간																						■	■	■	■	■
		VIP D-Day																										
후속단계		결신 카드 및 편지 발송																										
		전도 축제 각종 시상																										
		결신자 양육 훈련																										
		결신자 재초청 주일																										

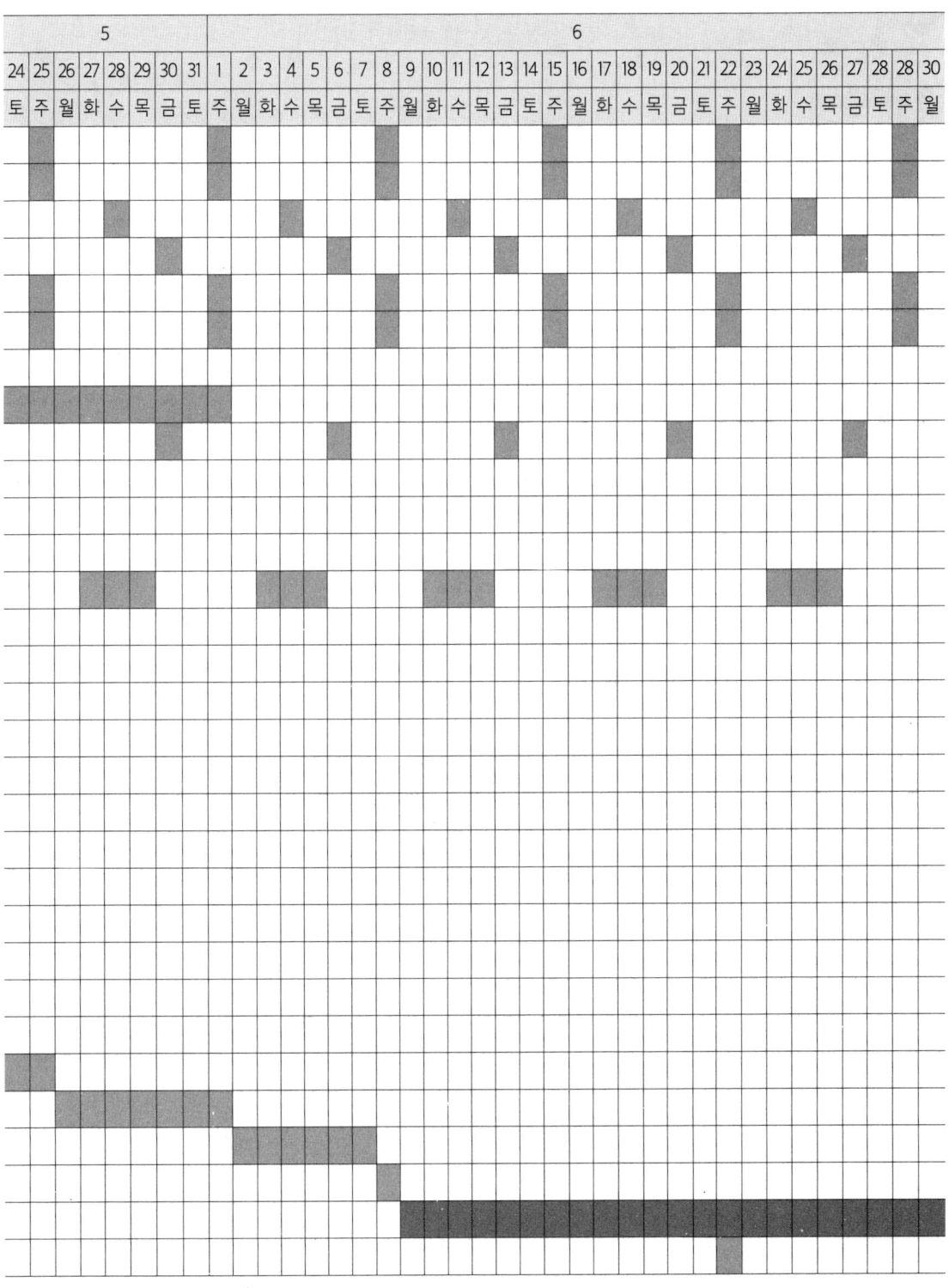

표1
2008 VIP 플러스 전도 축제 전도 및 등반 현황표
◆ 범주: ① 빨간 그래프(전도) ② 녹색 그래프(4주 등반)

목표 달성																							
100명																							
75명																							
50명																							
25명																							
교구	1교구전도	1교구등반	2교구전도	2교구등반	3교구전도	3교구등반	4교구전도	4교구등반	5교구전도	5교구등반	6교구전도	6교구등반	7교구전도	7교구등반	8교구전도	8교구등반	9교구전도	9교구등반	10교구전도	10교구등반	11교구전도	11교구등반	12교구전도	12교구등반	청년회	대학부	고등부	중등부

VIP 플러스 전도 축제 전도 대상자 매 주일 예상 및 출석 인원 현황

일자 \ 구분 \ 교구	1교구	2교구	3교구	4교구	5교구	6교구	7교구	8교구	9교구	10교구	11교구	12교구	청년회	대학부	고등부	중등부	총계
4월 13일 예상																	
4월 13일 출석																	
4월 20일 예상																	
4월 20일 출석																	
4월 27일 예상																	
4월 27일 출석																	
5월 4일 예상																	
5월 4일 출석																	
5월 11일 예상																	
5월 11일 출석																	
5월 18일 예상																	
5월 18일 출석																	
5월 25일 예상																	
5월 25일 출석																	
6월 1일 예상																	
6월 1일 출석																	

VIP 플러스 전도 축제 전도 대상자 결신 및 등반 인원 현황

일자 \ 구분 \ 교구		1교구	2교구	3교구	4교구	5교구	6교구	7교구	8교구	9교구	10교구	11교구	12교구	청년회	대학부	고등부	중등부	총계
4월	전도																	
	등반																	
5월	전도																	
	등반																	
6월	전도																	
	등반																	
7월	전도																	
	등반																	
8월	전도																	
	등반																	
9월	전도																	
	등반																	
10월	전도																	
	등반																	
11월	전도																	
	등반																	

VIP 플러스 전도 축제 전도 대상자 작정서

항목	전도 작정자 1	전도 작정자 2	전도 작정자 3	전도 작정자 4	전도 작정자 5
*성명					
*주소					
*자택전화					
*휴대전화					
생년월일					
직업/회사명					
취미					
종교					
가족사항					
기타정보					
하고 싶은 말					

*표시한 난은 반드시 기입해야 합니다.

상기 전도 작정자를 위하여 기도하고 전도하여
반드시 결신하도록 최선을 다하겠습니다.

정 은 ○ 목사님 귀하

2008년   월   일

(교구   구역) 성명: ㉠

VIP 플러스 전도 축제 전도 대상자 예상 및 확정 인원 현황

일자 \ 구분 \ 교구		1교구	2교구	3교구	4교구	5교구	6교구	7교구	8교구	9교구	10교구	11교구	12교구	청년회	대학부	고등부	중등부	총계
4월 13일	예상																	
	확정																	
4월 20일	예상																	
	확정																	
4월 27일	예상																	
	확정																	
5월 4일	예상																	
	확정																	
5월 11일	예상																	
	확정																	
5월 18일	예상																	
	확정																	
5월 25일	예상																	
	확정																	
6월 1일	예상																	
	확정																	

6장

S1(겨자씨) 전도 축제

(2011년 4월 3일~6월 26일)

1. 겨자씨(S1) 전도 축제란?

2011년 4월 3일부터 6월 26일까지 개최된 'S1 전도 축제'는 '겨자씨 전도 축제'라고 부르기도 합니다. S1 전도 축제는 마태복음 13장 31~32절에 기록된 말씀과 같이 밭에 심은 아주 작은 겨자씨 한 알이지만, 나무가 되어 자란 후에는 공중의 새들이 와서 그 가지에 앉아 쉼을 누릴 정도로 풍성해진다는 전도의 경이로운 확장성을 의미하고 있습니다. 이것은 1999년 70명의 성도로 시작된 이후 2004년 1,000명에 이르기까지 바로 그 70명의 성도 한 사람 한 사람이 겨자씨 한 알이 되었기 때문이었음을 증거하고 있습니다.

'시드(Seed; 씨앗)'는 육안으로 보기에도 잘 보이지 않을 만큼 너무나 작고 보잘것없는 한 알의 씨앗이지만, 그것이 땅속에 묻혔을 때 어떠한 결과를 가져오는지 여실히 증명하고 있습니다. 즉, 우리가 함께 한 알의 씨앗이 되어 땅속에 묻히는 일사각오의 정신으로 전도를 하게 된다면 우리는 반드시 성과 있는 결과를 가져오게 된다는 확신을 선포하는 것입니다.

2011년의 S1 전도 축제는 2030 프로젝트 가운데 3차 전도 전략으로서 '겨자씨 전도 전략'(2010~2014년)을 의미하는 것입니다. 겨자씨 전도 전략은 '전도의 권태기'에 접어들면서 성도들이 전도에 지쳐 무기력감에 빠져 있을 때 일사각오의 첫사랑을 회복하는 운동으로 오병이어 전도, 달란트 전도, 토요문화학교 전도 등을 통한 새로운 방향 전환의 전도 운동입니다.

하늘샘교회는 지난 2005년에서 2009년까지의 '옥토 개간 전도 전략기'에 맨투맨 전도, 아파트 전도, VIP 전도 등 관계 전도를 성공적으로 견인한 바 있습니다. 그 결과 지난 5년간의 관계 전도를 통하여 8,557명이 등록하였고, 그 가운데 500여 명이 정착하였습니다. 전도 가운데 길이 없거나 외로운 싸움을 하고 있을 때 우리는 함께 기도함으로써 그 문제를 극복하여 왔고, 그 종점에는 언제나 승리의 면류관이 있었습니다.

2010년부터 시작된 전도의 권태기에 예배의 회복과 기도 운동으로 여전히 나약한 열 명의 정탐꾼이 아니라 언제 어디서나 강하고 담대한 두 명의 정탐군이었음을 기억하였습니다. 이로써 단 한 명의 용사로 블레셋을 무너뜨린 다윗과 같이 한 알의 S1이 되기를 자원하는 성도들의 한결같은 헌신으로 겨자씨 전도 전략기에 2,525명의 새가족을 등록시키는 저력을 보여주었습니다.

S1 전도 축제의 가치는 전도의 목적을 실행함에 있어 반드시 필요한 기독교 정신은 '일사각오'라는 사실입니다. 겨자씨 한 알이 떨어져 죽지 않았다면 그 씨앗은 그 크기만큼이나 아무것도 이룰 수 없었을 것입니다. 비록 땅속에 묻혀 흔적 없이 사라졌지만, 그 결과는 얼마 가지 않아 땅을 뚫고 일어서는 강한 힘과 능력을 보여주었으며, 하늘로 치솟아 무성한 가지를 이루는 풍요로운 열매가 있었습니다. 이와 같이 S1 전도 축제는 '이처럼 나약한 우리가 무엇을 할 수 있을까?'라는 의문과 회의감이 들 때 우리 자신은 비록 겨자씨 한 알과 같이 아무것도 아니었지만 그동안 우리 교회를 통해 크게 역사하신 위대한 흔적들을 바라보면서 다시 폭발적인 전도 운동의 회복을 시작하는 출발점이 되었던 것입니다.

2. 2011 겨자씨(S1) 전도 축제의 기획

- 명칭: 에스원(S1) 전도 축제
- S(Seed, 씨)1: 한 사람을 전도하는 축제
- 부제: 일일구일(1191: 한 사람이 한 명을 전도하여 구원한다)
- 구호: 찾자! 심자! 구하자!(Search! Sow! Save!)
- 기간: 4월 3일~6월 26일(13주)
- 주제가: 「S1 전도 주제가」(찬송가 496장 「새벽부터 우리」 개사곡)
- 선포식: 4월 3일(주일) 주일낮 2~3부 예배 시

겨자씨 전도 축제의 목적

1) 친교: 여러 가지 행사를 통해서 교구별, 기관별로 새가족과의 친교를 다진다.
2) 연합: 사랑하고 협력함으로 교회 공동체의 하나됨을 이룬다.
3) 전도: 장기결석자, 소외 성도, 전도대상자들과 친밀한 관계를 맺음으로 전도의 기회

로 삼는다.

4) 섬김: 성도와 지역을 섬김으로 그리스도의 사랑을 실천한다.

5) 변화: 성도들의 영적 회복과 활기찬 분위기 조성으로 새 성전 건축을 위하여

겨자씨 전도 축제 조직위원회

조직위원장: 정은○ 목사

집행위원장: 김태○ 목사

실행위원장: 주영○ 목사 (김현○ 강도사, 여수○ 전도사)

자문위원: 박윤○ 장로, 이귀○ 장로, 오경○ 장로, 손영○ 장로, 오길○ 장로

실행위원:

- · 교구실행위원: 김종○ 집사, 손 ○ 집사, 정국○ 집사, 양기○ 집사, 이현○ 집사, 고재○ 집사, 최선○ 집사, 남형○ 집사, 이재○ 집사, 김철○ 집사

- · 기관실행위원: 오길○ 장로, 이연○ 집사, 박남○ 집사, 이재○ 집사, 김수○ 집사, 구하○ 권사, 하복○ 권사, 이손○ 집사, 박금○ 집사, 박옥○ 집사, 진현○ 집사, 남경○ 집사, 정우○ 집사

- · 기도실행위원: 허의○ 권사, 석숙○ 권사, 김필○ 권사, 임명○ 권사, 백영○ 권사, 정인○ 권사. 구하○ 권사, 오정○ 권사, 하복○ 권사. 손영○ 권사, 홍혜○ 권사, 이정○ 권사, 이정○ 권사, 정희○ 권사, 정현○ 권사, 박옥○ 권사, 백애○ 권사, 강주○ 권사

2011년 교구별 목표 달성 인원(목표 인원X1/3을 정착 목표로 한다)

교구	편성 인원	목표 인원	정착 인원	교구	편성 인원	목표 인원	정착 인원
1교구		36명	12명	6교구		34명	11명
2교구		36명	12명	7교구		31명	10명
3교구		35명	12명	8교구		34명	11명
4교구		27명	9명	9교구		29명	9명
5교구		33명	11명	10교구		35명	12명
총계		167명	56명	총계		163명	53명
중등부		50명	17명	대학부		20명	7명
고등부				청년회		25명	8명

· 교구 총 전도 목표: 330명, 정착 목표: 109명

· 중 · 고 · 대 · 청년회 전도 목표: 95명, 정착 목표: 32명

· 교구+중 · 고 · 대 · 청 총 전도 목표: 425명, 정착 목표: 141명

· 겨자씨 전도의 특성은 교구 중심의 성장형 전도이기 때문에 노인정과 어르신 전도는 1부 예배로 편성되며, 교구 전도에는 합산하지 않습니다.

· 또한, 중고등부 청년대학부도 해당 부서에 전도로만 인정하며, 교구에는 편성되지 않습니다.

겨자씨(S1) 전도 축제 10대 기도 제목

1) ○○, ○○, ○○동과 ○○, ○○ 지역을 복음화하게 하옵소서!

2) 모든 성도들에게 영혼에 대한 민망한 마음 주시고 함께 전도에 동참케 하옵소서!

3) 이번 겨자씨 전도 축제에 한 명의 영혼을 꼭 붙여 주시옵소서!

4) 구역과 교구(기관)의 전도 목표가 반드시 달성되게 하옵소서!

5) 전도 축제를 통해서 모두가 결신하게 하옵시며, 정착인 157명(일반 성도), 43명(교육기관)을 허락하여 주옵소서!

6) 모든 프로그램이 은혜 가운데 잘 진행되게 하옵소서!

7) 새가족 멘토가 하나님의 마음과 지혜로 새가족을 잘 섬길 수 있게 하옵소서!

8) 성도가 영혼 구원에 끝까지 헌신하는 전도 축제가 되게 하옵소서!

9) 우리 교회 새 성전 건축과 함께 전도의 건축도 함께 이루어지게 하옵소서!

10) S1 전도 축제에 반드시 정착 성도를 주시옵고 그분과 함께 새 성전에 입성할 수 있도록 축복하여 주옵소서!

주제가: 「S1 전도 주제가」

겨자씨(S1) 전도 축제 대상자 설정

1) S1 전도 축제는 교회 출석 가능한 모든 사람을 대상으로 하는 관계 전도입니다. 겨자씨 전도 대상자는 자신의 가장 친한 친구, 이웃, 직장동료 등 누구든지 가능하며, 특별히 이번 전도 축제에 꼭 결신이 되기를 소원하는 사람 가운데 본 교회에 출석이 가능한 사람을 위주로 합니다

2) 전도 대상자 설정
　① 불신 가족 및 친인척　　② 믿다가 낙심한 자
　③ 이웃 사람(반상회원)　　④ 한 번이라도 교회에 나왔던 사람
　⑤ 주일학교 출신자　　　　⑥ 집주인과 세입자
　⑦ 직장 및 사업 동료들　　⑧ 친구, 동창생, 선후배, 고향 사람
　⑨ 배달원(우유, 신문 등)　⑩ 외판원(화장품, 미용사원, 보험)
　⑪ 자모회, 학부모회　　　　⑫ 단골손님
　⑬ 학교, 학원, 유치원 교사　⑭ 기타 정착 가능한 모든 사람들

S1 전도 축제 3단계(3S 운동)

1단계(4월): 찾는 단계(Search!)
2단계(5월): 심는 단계(Sow!)
3단계(6월): 구원 단계(Save!)

전도의 5대 수칙
　① 전도 대상자를 정하면 기도하라!
　② 가족, 친척, 이웃부터 전도하라!
　③ 가까운 곳에서 먼 곳으로 시작하라!
　④ 거절을 두려워하지 말라!
　⑤ 반드시 등록을 시켜라!

겨자씨 전도 축제의 단계별 계획

1) 1단계(4월: 찾는 단계, Search!)

	1단계(4월): 찾는 단계(Search!)
3일	· S1 전도 축제 선포식 · S1 전도 대상자 작정서 양식 배부 · S1 전도를 위한 기 도시작
10일	· 세례식 · 전도 간증 집회(간증자: ○○교회 정성○ 전도사) · 1차 S1 전도 대상자 작정서 제출 기간
17일	· 고난주간 전교인 특별새벽집회(18~24일) · 제2차 S1 전도 대상자 작정서 제출 기간(완료) · 관계전도 전략서 배부(18일~ 30일까지 2주간) · 교구별 공예배 무한도전 선수(20명) 선발 양식 배부 · 성찬식
24일	· 부활주일 · 교구별 S1 전도나무(현황판) 부착

2) 2단계(5월: 심는 단계, Sow!)

	2단계(5월): 심는 단계(Sow!)
1일	· 어린이 주일 · 교구별 사투리경연대회
8일	· 어버이 주일 · 공예배 무한도전(기간: 5월 8일~6월 19일까지) · 대허사마 사륜 경기
15일	· 스승의 주일 · 부서별 특강(중고등부, 대학청년부, 일반 성도)
22일	· 야외예배(교구 심기)
29일	· 결석 없는 주일 및 S1에게 사랑의 편지 및 선물 전달

3) 단계(6월: 구원 단계, Save!)

	3단계(6월): 구원 단계(Save!)
5일	· 기관별 달인 대회
12일	· 교구별 새가족 소개 대회 준비 모임 - 준비물 배부 (전지, 매직 등)
19일	· 공예배 무한도전 마무리 · 교구별 새가족 소개 대회 발표(본당)
26일	· 구원 열매 감사 주일 · 새가족 환영의 밤(고신대 삼손중창단)

3. 겨자씨 전도 축제의 세부 계획

1단계(4월: 찾는 단계, Search!)

- 4월 3일 - S1 전도 축제 선포식: 주일낮 2~3부 예배 시
  - S1 전도 대상자 작정 카드 배부(4월 3~17일까지)
  - S1 전도 대상자는 한 사람이 한 명으로 하되, 꼭 전도할 대상자를 작성한다.
  - S1 전도 소식지 발간
- 4월 10일 - 제1차 S1 전도 대상자 제출 기간
  - 전도 간증 집회를 통한 전도 동기 부여
    (강사: ○○교회 정성○ 전도사)
- 4월 17일 - 제2차 S1 전도 대상자 제출 기간(완료)
  - 고난주간 전교인 특별새벽집회(18~24일)
  - 관계전도 전략서 배부
  - 교구별 공예배 무한도전 선수 선발 양식 배부

※ 관계 전도 전략

요일	실천 내용	실천 여부	
	자녀를 위한 옥토 개간 실천 내용	18~23일	25~30일
월	사랑의 문자나 메일 보내기	(O, X)	(O, X)
화	사랑의 대화 나누기 - 식사할 때, 과일 먹을 때, 잠자기 전에	(O, X)	(O, X)
수	사랑의 선물 주기 - 될 수 있으면 자녀가 정말 원하는 것을 주는 것	(O, X)	(O, X)
목	기다리는 부모 되기 - 버스 정류장, 아파트 입구 등에서 가방 들어주기	(O, X)	(O, X)
금	사랑의 만찬 - 쇼핑이나 영화, 외식, 좋아하는 음식 만들기	(O, X)	(O, X)
토	용돈 주기 - 친구와 영화나 식사할 수 있도록	(O, X)	(O, X)

부모를 위한 옥토 개간 실천 내용

요일	실천 내용	실천 여부	
		18~23일	25~30일
월	부모와 10분 대화하기 - 전화, 감사 편지, 사랑의 언어로 표현	(O , X)	(O , X)
화	부모와 운동하기 - 산책, 짧은 등산, 생수 뜨기	(O , X)	(O , X)
수	부모와 나들이 가기 -유원지, 영화 관람, 쇼핑, 온천 또는 목욕, 부모와 고향 방문	(O , X)	(O , X)
목	부모 친구 대접하기 -친한 친구, 경로당, 이웃에게 간단한 음식 대접하기	(O , X)	(O , X)
금	부모님께 선물하기 - 옷, 용돈, 보약, 식사 대접	(O , X)	(O , X)
토	부모님과 합숙하기 - 손자, 손녀와 함께 지내기	(O , X)	(O , X)

친구를 위한 옥토 개간 실천 내용

요일	실천 내용	실천 여부	
		18~23일	25~30일
월	안부 전화하기	(O , X)	(O , X)
화	우정의 편지 쓰기, 메일 보내기	(O , X)	(O , X)
수	칭찬하기 - 자녀, 남편, 친구 칭찬	(O , X)	(O , X)
목	대접하기 - 친구나 친구 부부 초청	(O , X)	(O , X)
금	선물 보내기 - 친구가 좋아하는 액세서리, 스카프, 신앙 서적, 좋은 음악(CD), 꽃바구니	(O , X)	(O , X)
토	함께 쇼핑하기 - 영화 관람, 쇼핑, 식사	(O , X)	(O , X)

이웃을 위한 옥토 개간 실천 내용

요일	실천 내용	실천 여부	
		18~23일	25~30일
월	간식 나누기 - 빈대떡, 호박죽, 과일, 야채	(O , X)	(O , X)
화	선물 전달하기 - 꽃, 찬양 테이프, 신앙 서적	(O , X)	(O , X)
수	함께 마트나 시장 같이 가기 - 부식, 잡화, 시간이 없는 경우 대신 구입해 주기	(O , X)	(O , X)
목	식사 초대하기	(O , X)	(O , X)
금	일손 돌봐주기 - 김장, 잔치, 아기 돌보기, 청소	(O , X)	(O , X)
토	이웃집 칭찬하기, 이야기 나누기 - 가재도구	(O , X)	(O , X)

친척을 위한 옥토 개간 실천 내용			
요일	실천 내용	실천 여부	
		18~23일	25~30일
월	친척 확인하기	(O, X)	(O, X)
화	안부 전화하기	(O, X)	(O, X)
수	편지쓰기 - 이슬비 전도편지, 좋은 친분 관계 유지	(O, X)	(O, X)
목	식사 초대하기	(O, X)	(O, X)
금	일 도와 드리기	(O, X)	(O, X)
토	선물 드리기 - 신앙 책자, 찬양 테이프 선물	(O, X)	(O, X)

※ 교구별 공예배 무한도전

1) 목적: 공예배에 대한 전교인 대상 신앙 훈련으로 성도들의 예배 참석율을 높여 영적 분위기 향상을 도모한다.

2) 목표: - 주일 오전, 주일 저녁, 수요예배 교구별 완전 출석 도전으로 공예배 출석률을 높인다.

   - 예배 '+'하기: 주일 오전만 출석하는 성도들이 오후 예배와 수요예배까지 참석하도록 한다.

3) 기간: 2개월[5월 8일(주일)~6월 19일(주일)까지 7주간]

4) 선수 선발: 20명 (새가족이 2명 이상 꼭 포함되어야 함)

   〈양식 1〉 공예배 무한도전 신청서

   〈양식 2〉 공예배 무한도전 교구별 선수 명단

   〈양식 3〉 공예배 무한도전 현황판

5) 점수: 예배 참석 점수는 각 개인에게 예배별로 다르게 지급한다.

예배	주일 오전 예배	주일 오후 예배	수요예배	주간 총점
점수	3점	3점	5점	11점

<양식 1>

공예배 무한도전 신청서

교구명:

교구장:

_____ 교구의 공예배 무한도전 선수를 다음과 같이 선발합니다.

번호	선수 명단
1	
2	
3	
4	
5	
6	
7	
8	
9	
10	
11	
12	
13	
14	
15	
16	
17	
18	
19(새가족)	
20(새가족)	

2011년   월   일

○○교회 담임목사 귀 하

<양식 2>

공예배 무한도전 촌별 선수 명단

교구 선수	1교구	2교구	3교구	4교구	5교구	6교구	7교구	8교구	9교구	10교구
1										
2										
3										
4										
5										
6										
7										
8										
9										
10										
11										
12										
13										
14										
15										
16										
17										
18										
19 (새가족)										
20 (새가족)										

<양식 3>

공예배 무한도전 현황판(부착용은 가로판)

구분 교구	순위	5월 8일 (1주)			5월 15일 (2주)			5월 22일 (3주)			5월 29일 (4주)			5월 총점	6월 5일 (5주)			6월 12일 (6주)			6월 19일 (7주)						6월 총점	합계
		오전	오후	수요	오전	오후	수요	오전	오후	수요	오전	오후	수요		오전	오후	수요	오전	오후	수요	오전	오후	수요					
1																												
2																												
3																												
4																												
5																												
6																												
7																												
8																												
9																												
10																												
계																												

예배	주일 오전 예배	주일 오후 예배 (1주/3주 전원 참석 Plus Day)	수요예배 (5주/7주 전원 참석 Plus Day)
점수	3점	3점(전원 참석 120점)	5점(전원 참석 200점)

· 4월 24일 - 교구별 S1 전도 대상자(겨자나무) 현황판 부착

3단계: 열매 맺는 단계	
2단계: 심는 단계	1교구 겨자나무
1단계: 찾는 단계	김종○(홍길○) 박금○(유관○) 박남○(이대○) 구영○(김태○) ...

1교구 겨자나무 예:

- 1단계 찾는 단계: (   )는 내가 심어야 할 겨자씨

- 2단계 심는 단계: 겨자씨가 교회 출석하면 파란색 스티커 붙여 표시함

- 3단계 열매 맺는 단계: 겨자씨가 출석하면 빨간색 스티커를 붙여 표시함

2) 2단계: (5월 심는 단계, Sow!)

	2단계(5월): 심는 단계(Sow!)
1일	· 어린이주일 · 교구별 성경 사투리 번역 경연대회
8일	· 어버이주일 · 공예배 무한도전(기간: 5월 8일~6월 19일까지) · 대허사마 사륜경기
15일	· 스승의 주일 · 부서별 특강(중고등부, 대학청년부, 일반 성도)
22일	· 야외예배(교구 심기)
29일	· 결석 없는 주일 및 S1에게 사랑의 편지 및 선물 전달

· 5월 1일 주일 - 어린이주일
            - 교구별 사투리경연대회

※ 교구별 성경 사투리 번역 경연대회
   · 일시: 5월 1일 주일 점심 식사 후 오후 2시 30분
   · 장소: 본당
   · 규칙:
      ① 성경 본문을 자유로이 선택하여 지방 사투리로 번역
      ② 발표자는 그 지방의 출신을 발굴하여 선정하도록 함
      ③ 할 수 있는 최대한 사투리를 사용하여 성경 내용을 번역하도록 함
   · 심사
      ① 심사위원: 담임목사님 외 장로님
      ② 심사기준: 참여 30점, 내용 20점, 이해력 및 발표력 30점, 반응 20점

※ 사투리 번역 자료

시편 5편(경상도)

1. 여호와예, 지 말 좀 들어주소, 지 마음 좀 헤아려 주소
2. 나으 대빵, 지 하나님예, 지가 말하는 소리 좀 들어주소 지가 주께 기도 합니데이
3. 여호와예 아침에 주께서 내 소리를 들으시니께 아침에 지가 주께 기도하고 바랍니데이
4. 주는 죄악을 기뻐하는 신이 아니니께 악이 주와 한데 머물지 못하는 기고
5. 그만한 갸들이 주님앞에 딱~못선다아입니까 주는 그 억수로 몬댄 아~들을 싫어라카고
6. 거짓 부렁하는 갸들을 고마 칵! 패딱으이소 여호와께서는 피흘리기 좋아라하고 넘을 쏙이는 아들을 미워하심더~
7. 오로지 지는 주의 억수로 큰 사랑을 힘입으가 주의 보금자리에 들어가지고 주를 높임으로 성전을 향해가 예배하지예
8. 여호와예, 내 지기놈들로 말미암아가꼬 주의 의로 내를 이끌어주고 주의 길을 꼿꼿하게 해 주이소
9. 그놈들 입구녕은 믿을구석이 없고 그 마음은 고마 겁나게 몬때가지고 그놈들 목구녕은 고마 틱~~벌어진 (어매 무시라) 무덤같고 가들 쎄빠닥은 싸바싸바 안하는교
10. 하나님예, 갸들을 죄과 있다카고 지 죄에 빠지게 해뿌고 그 마이 저지른 몬땐 짓으로 갸들을 쫓까뿌소. 갸들이 주르 배신까네 말이지예
11. 근디 주를 요래조래 피하는 모든 인간들은 억수로 좋아카고 주가 보살피주니까네 야무지게 좋아하고 주의 이름을 사랑하는 아~들은 주로 즐거워할꺼라예
12. 여호와예 주는 의로운 사람들에게 복을 많이 뿌려주시고 방패와 같은 은혜로 그를 둘러싼다아입니까

시편 1편 (경상도)

복 있는 사람은 있다 아이가, 못된 얼라들의 꼼수를 따라가지 않능기라 그리고 죄를 짓는 얼라들과 함께 댕기지도 않고 모가지 빳빳~하게 힘주고 으스대는 눈꼴사나운 얼라들 사이에 꼽사리 끼지도 않능기라. 니는 어떻노? 내 말 잘~들으라이. 그런데 복있는 사람은 있제, 죽으나 사나 여호와의 율법을 마 깊이 묵상하는 사람 아이가,됐나? 가는(그 사람은) 도랑가에 심기논 낭그가(나무가) 사시사철 먹음직시러븐 열매를 맺고 그 이파리가 시퍼런 것같이 가가 하는 일들이 모두 다 억수로 잘 되는기라 어떻노, 그런데 나쁜 얼라들은 안그러는기라 가들은 바람에 펄펄 날리는 점불과 같다,아이가. 억수로 안됐재. 그라게 나쁜 얼라들은 불구디 심판을 배기내지 몬하고 죄를 짓는 얼라들이 의로운 사람들 틈에 꼽사리 낄 수도 없다 아이가. 참말로 의로운 사람의 길은 여호와께서 복을 주시지만은도 나쁜 얼라들의 길은 끝장인기라. 니들도 조심하그라 알겠제?

마태복음 7장 (경상도)

내숭 열 개를 숭클라카믄 너무 숭을 씨부리로 댕기지 말고 넘을 잘했니 잘 못했니 카다가는 니가 우사하기 십상이고 지도 짜다라 처세를 잘하고 댕기지도 안음서 너무 똥구명을 까디비다보믄 지는 우사 구디긴기라 오줄 없는 인간이 지숭을 모르고 너무 숭만 보지 먼첨 지 행우지를 맨경알겉이 말가이 하고 넘을 숭봐야 되지 오지랖 너르짓하다가는 큰일인기라 암만 보약이 되는 말이라캐도 (복음말이제) 사람 바감서 시부리기도 하고 갤카 주야지 지상 바상하다가는 안갤카 준거카마 몬하고 까딱하다가는 뽈때기 뚜디리 맞는 수가 있는기라 우쨋거나 도라캐라 그래야 받제 눈을 뿔시고 디비고 댕기야 찾제 새가 빠지구로 뚜드리믄 문짝이가 열리는기라 너거 자슥이 마신는거로 도라 카든네 묵도 몬하는 돌빼이를 줄끼며 개기를도라 카는데 구리이를 줄 인간 어데 있겠노. 너거가 암만 막 되문 싸가지라 캐도 자슥 한데는 껍벅 어프지는데 저 만디이에 계시는 우리 아부지는 비미 잘해주것나. 그러이끼네 맨날 넘자태 대우를 받을라카믄 지가 먼첨 뿐이 되야 되는 기라. 비잡은 문으로 드가야 우리가 살제 넘이 지상비상 너른 문으로 간다꼬 니도 따라갔다 카문 죄 구디기인기라 집구석에서 하는 행사머리 나가믄 안 하는줄 아나 넘보기 뻐젓하이이 해가 소쿠고 허우대는 멀거이 뻔지리 하이 해가 거죽하고 안하고 다른 인간이 천진기라. 그런 때문래 하는 행사머리가 아이다 시푸믄 함부래 떨리 나와야제 전테가믄 안되는기라 우짜는동 우리가 사랄카믄 정신을 바짝 채리야 돈데이. 지끔은 우리가 한테서 낯빤데기를 처보고 있어도 그 가믄(천국말이다) 낯짝 안빌 인간이 새빌 는기라. 그라고도 누누고 이랄수도 있다이. 단디하거래이. 그라이께 돌빡위에 집을 지야 되지 엉굴에다가 지믄 물이 쪼매만 들와도 집이 짜빠지뿌는 기라. 그라이끼네 우리는 말깡 바보 축구 겉이 살지 말고 예수님이 갈카준대로 여물게 해가지고 다 저 만디이를 전자사 가도록 하입시더.

시편 3편(경상도)

1. 아부지요 내 한테 한판 붙자 해쌌는 아-들이 와이리 만습니꺼
2. 억수로 많은 아-들이 내 한테 대 들면서 씨부리 싸키를 니는 너거 아부지 한테 구원받는거 틀릿다 해 쌌습니더
3. 아부지요 아부지는 내 막아주는 판때기 아입니꺼. 내 한테는 삐까뻔적하는 아부지 아입니꺼.내 한테 씨부리 쌓는 자들한테 기죽지 말라카는 아부지 아입니꺼
4. 내가 아부지한테 괌을 쌔릴 질렀더만 아부지는 아부지가 있는 산에서 "내여 있다 아이가 씰데업는 걱정 해쌌네"했다 아입니꺼
5. 내가 자빠지 자다가 눈까리 비비면서 일나보이 아부지가 낼로 단디 붓잡고 있데요
6. 내를 못살게 구는 아 들이 쌔빗는데 가들이 머라 캐싸도 나는 까딱 업심더
7. 아부지 함 일나 주이소 아부지 내 좀 살리주이소 내 못살게 구는 자들 빠말때기 한 쌔리삐고 자들 이빨을 내리 안차뿌이소
8. 내가 살고 죽는거 아부지 한테 있다 아입니꺼 아부지 한테 있는 복 그거 내하고 우리 아-들한테 마 입빠이 주이소

십계명(강원도)

하나님이 모든 말씀으로 말씀하여 우리한테 말씀하시기를 나는 니를 애꿉땅종되었던 집에서 꺼집어낸 니 하나님 여호와인기라

1. 니는 내말고 다른신을 니한테 나뚜지 말거래이
2. 니를 위해서 파놓은 우상을 맹글지 말고 또 우로 하늘에 있능기나 밑으로 땅에 있능기나 땅밑에 물속에 있능기나 어떤기 라도 맹글지 말고 그따위 것에 절하지도 말도 그따위것을 섬기지도 말그래이(나 니하나님 여호와는 질투하는 하나님인기라 내를 미워하는 사람한테는 죄를 갚아줄끼고 너거아버지부터 시작해서 아들한테 삼사대까지 죄를 갚을끼고 내를 사랑하고 내 계명을 지키는 사람 한테는 천대까지 은혜를 베푸는기라)
3. 니는 니하나님 이름을 함부로 부르지 말거래이(여호와는 그이름을 함부로 불러 는 사람한테는 죄가 없는기 아이고 죄가 있는기라)
4. 공일을 이자뿔지 말고 거룩하게 지키래이(6일 동안 새빠지게 일하고 7째날에 니하나님여호와의 안식일 아이가 니나 너거아들 이나 너거딸 이나 너거 남자 하인이나 너거여자 하인이나 니짐승 이나 너거 집에 객이라도 아무 꺼도 하지 말고 엿새 동안에 여호와가 하늘과 땅과 바다와 그기에 모든걸 맹글고 일곱째 날에 쉬었다 아이가 그랑께 내 여호와가 공일을 복있게 해가 그날을 거룩하게 하였기라)
5. 너거 엄마 아버지한테 효도 하거래이(그라몬 니하나님 여호와가 니한테 땅에서 너거목숨이 긴기라)
6. 사람 직이지 말거래이
7. 다른여자한테 한눈팔지 말거래이
8. 물건쌔비지 말거래이
9. 이웃집에 구라치지 말거래이
10. 너거 옆집에 있는 거(옆집의 마누라나 일하는 남자하인이나 여자하인이나 소나 소새끼나 옆집의 재산이나)아무끼라도 넘보지 말거래이

눅 15:11-32 (강원도)

어떤 사람이 두 아들이 있는에

12. 그 둘째가 아비에게 말하되 "아부지요 아브지재산 주에 후재지한테 올재산을 지를 미리 주시와" 하는지라 아비가 그 살림을 목시대로 각각 나놔 좌떠니

13. 그 후 메칠이 안도사 둘째아들이 재무를 다 모아 가주고 먼나라에 가 거서 허랑방탕 해사 그재산을 마카 업쌔 버리디 마

14. 그 나라에 숭녕드러 저가 걸뱅이가 다 된지라

15. 가서 그 나라 백성 중 하나에게 붙어사니 그가 저를 갱변에 보내서 도야지를 메기게 하였는데

16. 저가 도야지가 먹는 쥐엄 열매로 배를 채울라 하나 주는 자가 없는지라

17. 우타하까 하고 생각해 보니. 아부지 한테는 양석이 많은 일꾼이 얼마나 마이 있는데 나는 여서 배르 고 라 죽겠구나

18. "내가 일나 아부지께 가사 마르 해야지 아부지 지가 하늘과 아부지께 죄르재 산쏘"

19. "그러이 인제 부터는 아부지 자슥이라 하지 마시고. 나르 일꾼중에 하나이로 봐주시와" 하리라 하고

20. 이에 일라서 아부지께로 돌아 가니라 안죽도 상거이 먼데 아부지가 저를 보고 측은히 생각해 뙤가사 모 그 안꼬 이브 맞추가

21. 아들이 가로되 "아부지한테 죄르 재 잔소허이 시방 부터는 아부지 자슥이라 부르지 마시와" 하나

22. "아버지는 종들에게 이르되 "젤루 좋은 옷을 내다 입히고 손에 가락지를 찌우고 발에 신으 신키라"

23. "그리고 사리찐 쇄지를 끌고와 자바라,우리가 먹고 심박끔놀자"

24. "이 내 아들은 주거따가 다시 사라났꼬 내가 이라삐릿다가 다시 어드따," 하니 그들이 지슬내서 놀더라

25. 맏아들은 밭에 있다가 돌아와 집에 가까이왔을 때에 풍류와 춤추는 소리를 듣고

26. 한 종을 불러 "머이 우타된 일인가" 물은대

27. 대답하되 "당신 아부지가 몸이 성해 도라온 동상이 조아사 사리찐 쇄지를 잡아 노코 추무추미 노시와" 하니

28. 저가 노하여 들어가기를 즐겨 아니하거늘 아버지가 나와서 권한대

29. 아부지께 대답 하여 가로되 "지가 메태째 아부지를 받들고 영을 어긴 일이 업싼는데 지 한테는 동무들 과 노라고 염소 새끼한마리도 안잡더니"

30. "아부지 살림을 기생랑 마카 쓰고 온 동상한테 똑띠기 사라라야단은 못칠 망정 사리 찐 쇄지를 자바 노 코 노시니 당최 아부지 맘을 내 모르겠소? 하니

31. 아부지가 이르되 "니는 맨날 나랑 가치 있쓰이, 내끼 다 니끼아이 냐"

32. "니 동상은 주거따가 사라 났꼬, 내가 이러 삐릿따가 어더쓰이 우리마카 지스 내사 노는게 마땅하다"하 니라 - 날 구원 하신 하나님 감사합니다

<양식 3>

교구별 성경 사투리 번역 경연대회 심사표

교구	참여 (30)	내용 (20)	이해력 및 발표력 (30)	반응 (20)	계
1교구					
2교구					
3교구					
4교구					
5교구					
6교구					
7교구					
8교구					
9교구					
10교구					

교구별 성경 사투리 번역 경연대회 참가 신청서

교 구 :

성 명:

위 사람은 교구별 성경 사투리 번역 경연대회에 참가 할 것을 신청합니다.

성경	책명: _____ 장 절~ 절
번역 (지방:)	

2011년   월   일

○○교회 정은○ 목사 귀하

· 5월 8일 주일 - 어버이 주일
            - 교구별 공예배 무한도전 시작
            - 대허사마 사륜경기

※ 대허사마(대장부, 허리, 사랑하시니라, 마귀) 사륜경기
- 일시: 5월 8일 주일 2부 예배 후 오후 2시 30분
- 장소: 본당, 유치부실, 지하 1층 성가 연습실, 비전관 3층
- 종목: 팔씨름대회, 훌라후프 돌리기 대회, 제기차기 대회, 알까기 대회
- 방법

① 힘써 대장부가 되라(왕상 2:2) - 팔씨름대회
- 각 교구별 팔씨름대회를 통해 단합과 교제를 고취시킨다.
- 각 교구별로 대표 3명(남자 2명, 여자 1명)을 선발하여 토너먼트식으로 경기를 갖는다.
- 장소: 본당
- 준비물: 긴 테이블, 참가 신청서, 대진표
- 진행자: 서태○ 집사

② 힘있게 허리를 묶으라(잠 31:17) - 훌라후프 돌리기 대회
- 대상: 여자
- 각 교구별 훌라후프 돌리기 대회를 통해 단합과 교제를 고취시킨다.
- 각 교구별로 여자 선수 5명이 나와서 시간 내에 가장 많이 남은 조가 승리
- 장소: 본당
- 준비물: 훌라후프 10개, 참가 신청서, 대진표
- 진행자: 이재○ 집사
- 진행: 1개 돌리기, 2개 돌리기, 3개 돌리기, 한 다리 들고 돌리기 등

③ 끝까지 사랑하시니라(요 13:1) - 제기차기 경연대회
- 대상: 남자

- 각 교구별 제기차기 대회를 통해 단합과 교제를 고취시킨다.
- 각 교구별로 대표 10명을 선발하여 토너먼트식으로 경기를 갖는다.
- 장소: 본당
- 준비물: 제기 10개, 참가 신청서, 대진표
- 진행자: 이재○ 집사

④ 마귀를 대적하라(약 4:7) - 알까기 대회(남여 혼합)
- 각 교구별 알까기 대회를 통해 단합과 교제를 고취시킨다.
- 각 교구별로 대표 4명(남자 2명, 여자 2명)을 선발하여 종합 점수제로 토너먼트식으로 경기를 한다.
- 장소: 유치부실
- 준비물: 바둑판, 바둑알, 대진표
- 진행자: 정국○ 집사

· 5월 15일 주일 - 스승의주일
               - 부서별 특강(중고등부, 대학청년부, 교구 및 기관)

※ 부서별 특강
· 일시: 5월 15일 주일
· 장소: 중고등부 및 대학청년부 - 비전관 3층
       교구 및 기관 - 저녁예배 시 본당에서

① 중고등부
- 중고등부 학생들의 관심과 학생들에게 필요한 강의로 선정한다.
- 강의 내용이 정해지면 4월 중으로 강사를 섭외하고 기도로 준비한다.
- 장소: 비전관 3층
- 시간: 중고등부 모임 시간(오전 11시 00분)

• 준비물: 간단한 간식

② 청년대학부
- 청년대학부들의 관심과 꼭 필요한 강의 내용으로 정한다.
- 강의 내용이 정해지면 4월 중으로 강사를 섭외하고 기도로 준비한다.
- 장소: 비전관 3층
- 시간: 점심 식사 후 2시 30분
- 준비물: 간단한 간식

③ 교구 및 기관
- 성도들의 고민과 관심이 무엇인지를 파악한다.
- 그 문제를 신앙으로 잘 해결할 수 있는 유능한 강사를 4월 중으로 섭외
- 장소: 본당
- 시간: 저녁 예배 시
- 준비물: 간단한 간식

· 5월 22일 주일 - 전교인 야외 예배(교구 심기)

※ 전교인 야외 예배
· 일시: 5월 22일 주일 오후 3시
· 장소: 양산수질정화공원
· 프로그램
 1부 예배
 2부 교구별 미니올림픽, 보물찾기대회
 3부 겨자씨와 함께한 재미난 사진 공모전
· 준비물: 야외용 음향 시설(앰프, 스피커, 마이크 등), 보면대, 순서지, 족구공, 농구공, 단체 줄넘기, 보물찾기, 물통 등
· 미니올림픽: 사탕먹기대회, 신발멀리차기대회, 간지럼견디기대회, 단체줄넘기대회,

보물찾기대회
- 야외 예배는 교구 중심으로 인원 동원, 간식 등을 준비하며 전도해야 할 겨자씨와 함께한다.

① 사탕먹기대회
- 선수: 교구별 선수 5명씩 선출(남자 성도 2명, 여자 성도 2명, S1 1명)
- 방법: 출발선에서 출발하여 10미터 전방에 있는 사탕을 먹고 돌아오는 경기
- 준비물: 긴 테이블, 사탕, 밀가루, 큰 쟁반 2개

② 신발멀리차기대회
- 선수: 교구별 선수 3명씩 선출(남자 성도 1명, 여자 성도 1명, 초등학생 1명)
- 방법: 출발선에서 선수들이 신발을 차서 가장 멀리 간 선수가 승리
- 준비물: 출발선

③ 간지럼견디기대회
- 선수: 교구별 선수 5명씩 선출(남자 성도 2명, 여자 성도 2명, S1 1명)
- 방법
  (1) 선수는 부동자세로 가만히 서 있어야 한다.
  (2) 사회자가 휴지를 말아서 얼굴이나 귀, 콧구멍들을 간지럽힌다.
  (3) 웃지 않고 가장 오래 버티는 선수가 승리
- 준비물: 휴지

④ 단체줄넘기대회
- 선수: 교구별 선수 10명씩 선출(남자 성도 3명, 여자 성도 3명, 교육부서 3명 S1 1명)
- 방법: 단체 줄넘기를 가장 많이 한 교구가 승리
- 준비물: 단체 줄넘기 할 수 있는 긴 줄

⑤ 보물찾기대회
- 선수: 전교인
- 방법
    (1) 대회 장소에 미리 보물을 숨겨 둔다.
    (2) 10분의 시간을 주어서 보물을 찾게 한다.
    (3) 보물을 찾은 자에게 선물 시상
- 준비물: 보물 30개, 선물 30개

· 5월 29일 주일 - 결석 없는 주일 및 S1에게 사랑의 편지 및 선물 전달

※ S1에게 사랑의 편지 및 선물 전달
 · 일시: 5월 29일 주일낮 2~3부 예배 전후
 · 장소: 교회 본당
 · 프로그램: 예배 중 또는 후에 S1을 위한 작은 정성 어린 선물을 준비하여 S1에게 선물을 증정하되 사랑의 편지와 함께 전달한다.

3) 3단계(6월: 구원 단계, Save!)

	3단계(6/월): 구원 단계(Save!)
5일	· 기관별 달인대회
12일	· 교구별 새가족 소개 대회 준비 모임 - 준비물 배부(전지, 매직 등)
19일	· 공예배 무한도전 마무리 · 교구별 새가족 소개 대회 발표(본당)
26일	· 구원 열매 감사 주일 · 새가족 환영의 밤(고신대 삼손중창단)

· 6월 5일 주일 - 기관별 달인대회

※ 기관별 달인대회
　· 목적: 각 기관에 숨은 달인을 발견하여 소개하고자 함
　　　　 새 신자 및 소외 성도를 발굴하고자 함
　· 일시: 6월 5일 주일 오후 2시 30분
　· 장소: 본당
　· 내용: 개인이 가지고 있는 독특한 끼나 장기를 발표하고 경연한다.
　· 심사 및 점수
　　① 심사위원: 교역자
　　② 심사 기준: 참여 20점, 내용 20점, 진행 20점, 준비 20점, 독창성 20점
　　③ 심사표

기관	참여(20)	내용(20)	진행(20)	준비(20)	독창성(20)	계
1남전도회						
2남전도회						
3남전도회						
4남전도회						
5남전도회						
1여전도회						
2여전도회						
3여전도회						
4여전도회						
5여전도회						
6여전도회						
7여전도회						
8여전도회						
청년회						
대학부						
중고등부						

· 6월 12일 주일 - 교구별 새가족 소개 대회 준비

※ 교구별 새가족 소개 대회 준비
- 목적: 각 교구별로 구역 식구들을 특별한 장점으로 소개하고 주인공들인 새가족을 중심으로 소개하며 알리는 것
- 일시: 6월 12일 주일 오후 2시 30분
- 장소: 본당
- 준비물: 전지배부(교구별, 중고등부, 대학부, 청년회)
- 내용
  ① 각 교구의 특징과 구역소개를 전지를 이용하여 창의적으로 표현하기
  ② 각 교구를 알릴 수 있는 다양한 방법으로 표현하며 새가족이 돋보일 수 있도록 새가족을 중심으로 표현하기

· 6월 19일 주일 - 교구별 새가족 소개 대회

※ 교구별 새가족 소개 대회
- 목적: 각 교구별로 구역 식구들을 특별한 장점으로 소개하고 주인공들인 새가족을 중심으로 소개하며 알리는 것
- 일시: 6월 19일 주일 오후 2시 30분
- 장소: 본당
- 준비물: 지난 에 작성한 새가족 알림 전지(교구별, 중고등부, 대학부, 청년회)
- 심사 및 점수
  ① 심사위원: 교역자
  ② 심사 기준: 참여 20점, 내용 20점, 창의성 20점 새가족 20점, 준비 20점

③ 심사표

교구	참여(20)	내용(20)	창의성(20)	새가족(20)	준비(20)	계
1교구						
2교구						
3교구						
4교구						
5교구						
6교구						
7교구						
8교구						
9교구						
10교구						
중·고등부						
대학부						
청년회						

· 6월 26일 주일 – 열매감사주일 및 새가족 환영의 밤(리셉션)

※ 새가족 환영의 밤(새가족위원회 주관)
  · 일시: 6월 26일 주일 저녁예배 시
  · 장소: 본당
  · 내용
  ① 겨자씨 전도대회 기간(4~6월)에 찾은 겨자씨, 심은 겨자씨, 열매 맺은 겨자씨와 함께 천국 찬양 축제
  ② 예배 전 준비 찬양은 온맘찬양단에서 준비(빠르고 경쾌한 찬양)
  ③ 프로그램
    1부: 예배
    2부: 찬양 축제 – 초청 공연(고신대학교 삼손중창단)

3부: 신앙 간증 – 겨자씨 가운데 1~2분을 선정하여 신앙 간증 시간을 가짐

4부: 새가족 선물 증정

5부: 새가족 축복 찬양 복음송 및 합심 기도

예산 편성

수입부		지출부	
내역	금액	내역	금액
전도비		전도 축제 현수막	
전도 시상비		전도 축제 현황판	
행사위원회 지원금		준비 물품 구입비	
새가족위원회		행정 비품 구입비	
찬조금		전도지 제작비	
		공예배 무한도전 시상비	
		기관별 달인 대회	
		부서별 특강	
		야외예배 행사비	
		새가족 환영의 밤	
		사투리, 대허사마, 새가족 소개 시상	
		목표달성상	
		예비비	
총계		총계	

7장

예수마을 행복 축제
(2014년 3월 16일~6월 15일)

1. 예수마을 행복 축제란?

2014년 3월 16일부터 6월 15일까지 진행된 '예수마을 행복 축제'는 2013년 1월 26일 새 성전 입당 이후에 개최하는 하늘샘교회 최고의 전도 축제였습니다. 2013년 한 해 동안에는 전도 축제가 없었음에도 불구하고 새롭게 입주한 롯데카이저아파트를 비롯하여 주변 아파트에서 450명이 넘는 새가족이 자발적으로 등록을 하였습니다. 이러한 폭발적인 등록에 힘입어 2014년에는 2004년의 회복을 염원하면서 전교인이 참여하는 대대적인 지역 전도 축제로 승화하였습니다.

예수마을 행복 축제는 1~3차 전도 여행을 떠났던 사도 바울의 발자취를 따라 화명과 금곡 지역의 모든 아파트를 안디옥, 구브로, 이고니온, 루스드라, 더베, 드로아, 빌립보, 데살로니가, 베뢰아, 아덴, 에베소, 예루살렘, 가이사랴, 밀레도, 갈라디아로 명명하고 축제 기간인 14주 98일 동안의 위대한 여정을 시작하였습니다.

예수마을 행복 축제는 1,350석으로 새롭게 건축한 새 성전 갈멜산 본당의 빈자리를 채우는 첫 번째 운동으로 전 교인이 합심단결하여 이룩한 놀라운 성과였습니다. 그 결과, D-DAY에 1,061명의 새가족 등록으로 인하여 하늘샘교회 성도들은 1층 호렙산 성전에서 예배를 드려야만 했습니다.

2014 예수마을 행복 축제는 그동안 전도 축제를 통하여 이룩한 체험과 성과를 바탕으로 아파트 전도와 VIP 전도, 태신자 전도를 총동원함으로써 전도의 권태기를 극복한 중요한 전환점이 되었습니다. 특별히 지역사회와 함께하는 전도 축제로서 열린 영화예배를 통해 지역 주민들을 초청하여 50여 명의 주민이 등록하는 등 14주 동안 3,735명의 지역 주민들이 등록하는 지역 축제로 자리매김하였습니다. 이는 곧 교회의 전도 축제가 지역사회와 함께하는 행복 축제로서의 역할과 기능이 있음을 확인해 주는 계기가 되었으며, 지역 주민들 또한 하늘샘교회가 화명·금곡 지역에서 선한 영향력을 지속적으로 끼쳐 주기를 기대하는 공감대를 형성하였습니다.

교회는 전도로 성장하며 전도는 전도 축제로 활성화한다는 사실이 예수마을 행복 축제를 통하여 다시 한 번 입증되었습니다. 전도 축제는 기획 단계에서부터 전 교인과 함께 공유하고 상호 협력, 상호 존중, 상호 격려로서 성공적인 축제를 만들어 가는 것입니다. 예수마을 행복 축제는 아파트 주민들로 구성된 화명·금곡 지역의 특화된 지역 특성에 맞는 전도를 개발함으로써 지역 주민과 함께하는 전도 축제를 실현하였습니다.

이러한 혁신적 전도 전략으로 25만 명의 화명·금곡 주민들 가운데 10분의 1에 달하는 24,902명이 지난 20여 년간 전도 축제 기간 중 하늘샘교회에서 한 번 이상 예배를 드리는 성과를 이루었습니다. 예수마을 행복 축제는 화명·금곡 모든 지역이 예수마을의 영토 안에 있음을 선언하는 것이며, 언젠가 모든 사람들이 예수마을의 행복한 주민(성도)이 될 것이라는 확신적 승리를 향한 첫걸음이었습니다.

2. 예수마을 행복 축제의 기획

예수마을 행복 축제 개요

· 명칭: 예수마을 행복 축제
· 주제: 빛으로 크는 교회, 샘으로 솟는 행복
· 구호: 교구 70 동원하여! 성장동력 이루자!
· 기간: 3월 16일~6월 15일(14주 98일간)
· 주제 찬양: (찬송가 496장 「새벽부터 우리」 개사곡)
· 선포식: 3월 16일(주일) 2부 예배 시
· 목적
  ① 화해와 일치: 예수마을 행복 축제를 통하여 마음의 상처를 치유하고 성도 간의 화해와 일치를 이루며 교구별, 기관별로 새가족과의 공동체를 세운다.
  ② 전도와 헌신: 예수님의 지상명령인 전도에 복종하고 결신을 이루어내어 새로운 가족과 함께 보다 나은 ○○교회를 위하여 헌신하고 즐거운 마음으로 섬긴다.
  ③ 행복과 나눔: 예수마을 행복 축제를 통하여 행복을 느끼고 함께 즐기며 하늘샘교회의 사랑을 나누고 전달함으로써 예배가 회복되고 자랑스러운 ○○교회 가족이 된다.

예수마을 행복 축제 조직

- 축제위원장: 정은○ 목사
- 준비위원장: 고재○ 장로
- 집행위원장: 김태○ 목사
- 축제준비위원장: 김명○ 목사
- 축제준비위원: 박윤○ 장로, 이귀○ 장로, 손영○ 장로, 오길○ 장로, 김종○ 장로, 고재○ 장로, 이재○ 장로, 양기○ 장로
- 실행위원: 김현○ 전도사, 우현○ 전도사, 여수○ 전도사, 권영○ 집사, 권사 전원, 1~12교구장, 지구장, 남녀전도회 회장 및 총무
- 차량부: 김종○ 장로, 이연○, 정성○, 남형○, 백종○, 박영○, 이종○, 조남○, 이용○ 집사
- 안내부: 박남○, 우경○, 박정○, 구영○, 유명○, 남경○, 임원○, 정우○, 최옥○, 최수○, 이화○, 양경○, 현혜○
- 찬양부: 다드림찬양단
- 기념품 배부 장소: 1층 현관 로비
- 기념품 배부 요원: 안수집사, 권사 전원

예수마을 행복 축제 10대 기도 제목

- ○○, ○○, ○○, ○○과 ○○, ○○ 지역을 복음화하게 하옵소서!
- 모든 성도들에게 영혼 구원에 대한 갈급한 마음 주시고 함께 전도에 동참케 하옵소서!
- 축제 기간 중 세 명 이상의 영혼을 꼭 만나게 하시고 꼭 영접하게 하옵소서!
- 교구와 기관의 전도 목표와 정착 목표가 반드시 달성되게 하옵소서!
- 축제 기간 건강을 주시고 새 힘주시며 악한 마귀의 생각이 틈타지 않게 하옵소서!
- 모든 축제 프로그램이 은혜 가운데 왕성하게 잘 진행될 수 있게 하옵소서!
- 모든 성도님들이 하나님의 사랑으로 새가족을 잘 섬길 수 있게 하옵소서!
- 모든 성도가 영혼 구원에 끝까지 헌신하는 예수마을 행복 축제가 되게 하옵소서!

· 빈자리 없이 성전을 채워 성전 건축의 목적을 반드시 달성하게 하옵소서!
· 예수마을 행복 축제의 열매와 결실로 우리 교회와 가정에도 복을 주옵소서!

예수마을 행복 축제 전도 대상자

1) 출석 가능한 모든 사람을 대상으로 하는 관계 전도입니다.

예수마을 행복 축제 전도 대상자는 자신의 불신가족을 비롯하여 가장 친한 친구, 이웃, 직장동료 등 누구든지 가능하며, 특별히 이번 전도 축제에 꼭 결신이 되기를 소원하는 사람 가운데 본 교회에 출석이 가능한 모든 사람을 대상으로 합니다.

2) 하늘샘 예수마을 행복 축제 전도 대상자 설정

① 불신 가족 및 친인척　　　　② 믿다가 낙심한 자
③ 이웃 사람(반상회원)　　　　④ 한 번이라도 교회에 나왔던 사람
⑤ 주일학교 출신자　　　　　　⑥ 집주인과 세입자
⑦ 직장 및 사업 동료들　　　　⑧ 친구, 동창생, 선후배, 고향 사람
⑨ 배달원(우유, 신문 등)　　　⑩ 외판원(화장품, 미용사원, 보험)
⑪ 자모회, 학부모회　　　　　⑫ 단골손님
⑬ 학교, 학원, 유치원 교사　　⑭ 기타 참석 가능한 모든 사람들

3) 나의 전도 대상자

① _____　　② _____
③ _____　　④ _____
⑤ _____　　⑥ _____
⑦ _____　　⑧ _____
⑨ _____　　⑩ _____

※ 나의 전도 대상자 중 4월 27일 주일까지 확실한 전도 대상자 5명을 전도대상자 작정 카드에 작성하셔서 제출 바랍니다.

2014년 교구별 목표 달성 인원

(목표 인원×1/3을 정착 목표로 한다)/ 총 동원 인원: 1,182명

교구	편성 인원	목표 인원	정착 인원	교구	편성 인원	목표 인원	정착 인원
1교구			25	7교구			25
2교구			25	8교구			25
3교구			25	9교구			25
4교구			25	10교구			25
5교구			25	11교구			25
6교구			25	12교구			25
중고등부			20	2청년회			20
대학부			20				
총계			190	총계			170

- 교구 총 전도 목표: 897명, 교구 총 정착 목표: 300명
- 중·고·대·청년회 전도 목표: 285명, 정착 목표: 60명
- 교구 + 중·고·대·청 총 전도 목표: 1,182명, 정착 목표: 360명
- 예수마을 행복 축제는 ○○교회 40주년을 기념하고 2004년에 달성하였던 1,000명 교회를 회복하는 성장과 도약의 원년으로서 전도 목표를 1,182명으로 선포하였습니다.
- 중고등학생과 대학생, 청년회원을 대상으로 하는 전도는 해당 부서의 전도로만 인정하며, 편성도 교구가 아닌 해당 교육기관에 편성합니다.

예수마을 행복 축제 4단계

1단계(3월): 예수마을 행복 만드는 단계
2단계(4월): 예수마을 행복 세우는 단계
3단계(5월): 예수마을 행복 누리는 단계
4단계(6월): 예수마을 행복 나누는 단계

단계별 계획

	1단계(3월): 예수마을 행복 만드는 단계	
3/9	· 예수마을 행복 축제 한 주 전 (사무 행정 준비기간)	· 예수마을 행복 축제 핸드북 제작 · 예수마을 행복 축제 현수막 제작(실외 대형 현수막, 소예배실, 본당 2개, 엘리베이터 2개, 미니 현수막) · 예수마을 행복 축제 마을 깃발 제작(15개) · 책갈피 기도 제목 제작(2,000개)
3/16	· 예수마을 행복 축제 선포식	· 기획 프로그램 설명회 · 예수마을 행복 축제 핸드북 배부 · 책갈피 기도 제목 배부 · 예수마을 깃발 전달
3/23	· 예수마을 입장식 · 예수마을 행복 축제 초청장 마을별 전달 · 예수마을 행복 축제 매주 전략회의 실시	· 입장식/의상, 율동, 찬양 등 마을 PR · 마을 구성원 소개 · 시상
3/30	· 교회 설립 40주년 "우리 교회 좋은 교회"	· 부산극동방송 주최 「우리 교회 좋은 교회」

	2단계(4월): 예수마을 행복 세우는 단계	
4/6	· 중직자 선출	· 중직자 선출 관계로 행사 없음
4/13	· 고난주간	· 고난주간 전교인 특별새벽집회 · 전도 대상자 작정 카드 배부 · 전도 대상자 봉헌함(영혼을 주님께 드립니다)
4/20	· 부활주일 기념 "교구별 찬양 경연대회"	· 주관: 제2남전도회 · 전도 대상자 작정 카드 1차 제출 기간
4/27	· 제2회 당회장배 교구별 윷놀이 대회	· 주관: 3남전도회 · 전도 대상자 작정 카드 2차 제출 기간(마감) · 교구별 전도 대상자 집계 후 주보에 기재

	3단계(5월): 예수마을 행복 누리는 단계	
5/4	· 크게 웃고 대박 나는 전도 집회(강사: 자장면 전도왕 박권용 집사)	· 전체 교인/ 박권용 집사(자장면 전도왕) · 중·고·대·청 - 자체 강사 섭외
5/11	· 어버이주일: 고신권사합창단 초청 공연	· 주관: 권사회
5/18	· 예수마을 성경 골든벨	· 주관: 축제위원회
5/25	· 전교인 야외예배(체육대회, 장소: 양○실내체육관)	· 장소: 양○실내체육관 · 식사 및 간식, 교구 자체 준비

	4단계(6월): 예수마을 행복 나누는 단계	
6/1	· ○○교회 행복 초청 잔치(D-day, 1,000명 초청 잔치)	· 교구별 전도 목표 총 1,000명 · 각 교구 70명×12교구=840명 · 중고-80명, 대학-40명, 2청-40명
6/8	· 영화예배 / 강진구 교수와 함께 하는 감동의 영화 축제	· 기독교영화 「블랙 가스펠」 · 기독교 문화 접촉하기
6/15	· CCM 가수 초청 찬양 대축제	· 주관: 대학부, 2청년회

죽음을 앞둔 사람의 전도

타이태닉호가 침몰한 지 4년 후 한 젊은이가 어느 모임에서 이렇게 간증했다. "저는 그때 타이태닉호에 타고 있었습니다. 파편을 붙잡고 표류하는 내 곁으로 존 하퍼 씨가 표류해 왔습니다. 그는 내게 물었습니다. 예수 그리스도를 믿습니까?" 나는 "아니오!"라고 대답했지요. 그는 숨을 헐떡이며 매우 갈급한 목소리로 말했습니다. "예수 그리스도를 믿으시오! 그러면 구원을 받을 것입니다!" 그는 말을 마치고 파도에 휩쓸렸습니다. 그런데 잠시 후 파도에 잠겼던 그가 물 위로 떠올랐습니다. 그리고 다시 묻더군요. "이제는 그리스도를 믿습니까?" 나는 역시 동일한 대답을 했지요. "아니오!" 그러나 저는 존 하퍼 목사님으로부터 마지막 전도를 받은 사람이 되었습니다. 청년은 구출된 후 독실한 신자가 됐다. 그의 간증은 많은 사람들을 감동시켰다. 죽음을 앞에 두고 마지막까지 영혼을 구원한 존 하퍼 목사로 인해 수많은 사람들이 예수 그리스도를 영접했다. 참 진리는 죽음 앞에서 더욱 찬란한 빛을 발한다.

3. 예수마을 행복 축제의 세부 계획

1단계(3월, 예수마을 행복 만드는 단계)

1) 3월 9일: 예수마을 행복 축제 한 주 전
   - 예수마을 행복 축제 핸드북 제작
   - 예수마을 행복 축제 현수막 제작
   - 예수마을 행복 축제 마을 깃발 제작
   - 예수마을 행복 축제 초청장 제작

- 전도 대상자 봉헌함 제작   · 전도 대상자 작정 카드 제작
- 예수마을 행복 축제 기도 제목 책갈피 제작
- 교구별 총점 점수 현황판 제작 및 부착

2) 3월 16일: 예수마을 행복 축제 선포식
    - 주일낮 2부 예배 시 담임목사님이 예수마을 행복 축제 설명회 실시
    - 예배 시 배포용 축제 기획안을 주보와 함께 삽지로 넣어 전 교인에게 배부
    - 마을 명칭은 전도 축제의 취지를 살리는 의미에서 사도행전에 기록된 사도 바울의 1~3차 전도 여행지를 중심으로 나열하였으며, 축제 기간 교구보고서 등 각종 공식 행사의 정식 교구 명칭으로 사용한다.
    예) 1교구는 '안디옥'으로 부르고, 5교구는 '더베'로 부른다.

교구	마을 이름	촌장	교구	마을 이름	촌장
1교구	안디옥	이재○ 장로	7교구	빌립보	손영○ 장로
2교구	구브로	손 ○ 집사	8교구	데살로니가	김철○ 집사
3교구	이고니온	김종○ 장로	9교구	베뢰아	고재○ 장로
4교구	루스드라	이연○ 집사	10교구	아덴	이현○ 집사
5교구	더베	양기○ 장로	11교구	에베소	백종○ 집사
6교구	드로아	김치○ 집사	12교구	예루살렘	최선○ 집사
중고등부	가이사랴	김예○ 형제	2청년회	갈라디아	박지○ 형제
대학부	밀레도	옥희○ 형제			

3) 3월 23일: 예수마을 행복 축제 입장식
    - 사회: 김태○ 목사
    - 시간: 오후예배 시간 중 2부 행사로 진행
    - 심사위원: 정은○ 목사, 홍성○ 목사
    - 심사 규정: 설명과 이해도(30점), 인원 동원(30점) 장기자랑(30점), 반응도(10점) 총 100점
    - 오르간 ⇒ 강대상 방면으로 진행 ⇒ 교구장 대표의 인사: 선서식 경례 ⇒ 담임목사의 답례

· 시상: 1등 80,000원, 2등 70,000원, 3등 60,000원, 4등 50,000원, 5등~15등 30,000원 (총 590,000원)
· 준비사항: 깃대와 깃발 게양대는 각각 15조로 준비하되, 박남○ 집사의 도움을 받아 일정한 크기로 미리 준비한다.
· 진행 순서: 교구 입장(3:00~3:15) ⇒ 예배(3:15~3:30) ⇒ 마을 소개(3:30~4:45) ⇒ 시상(4:45~5:00)

① 입장 순서: 오후 3시 정각에 전교인 2층 로비에 대기하고 있다가 1교구(베들레헴 마을)부터 12교구(갈멜산 마을)에 이어 2청년회와 대학부 및 중고등부의 순서로 오르간 줄로 본당으로 나와 담임목사에게 인사 후 피아노 줄로 퇴장하면서 교구별로 지정된 좌석에 착석한다.

② 입장 대상: 교구별로 입장할 때 교구장이 깃발을 들고 맨 앞에서 서고 그 뒤에 지구장, 권찰장, 2~6구역 권찰이 순서대로 입장하고 그 뒤에 구역원이 차례로 입장한다.

③ 예배: 마을 소개 관계상 총 예배 시간은 15분으로 한다.

④ 마을 소개: 교구장이 각각 마을을 소개하되, 소개 순서는 a. 마을 소개, b. 마을 구호 제창, c. 마을 장기자랑(찬양, 콩트 등 자유롭게) 순으로 한다. 단 교구별 할당 시간은 5분 이내로 제한한다.

⑤ 깃발 게양: 모든 소개가 끝난 후 교구장이 강대상 위에 표시된 자기 교구 깃발 게양대에 깃발을 꽂고 1~6교구와 중고등부, 대학부는 성가대 방향 통로로 퇴장하고 7~12교구와 2청년회는 오르간 방향 통로로 각각 퇴장하여 교구 지정석에 착석한다.

⑥ 깃발 거치대: 깃발 게양대는 강대상을 중심으로 피아노 측에 8개를, 오르간 쪽에 7개를 교구별로 미리 표시하여 배치한다.

4) 3월 30일: 교회 설립 40주년 기념 「우리 교회 좋은 교회」
· 부산극동방송 프로그램 「우리 교회 좋은 교회」
· 사회: 서창하 집사(시온성교회) · 시간: 오후예배 시간(오후 3시)
· 장소: 본당(갈멜산 성전)
· 준비사항(진행 순서)
  ① 주제가: 일치된 음성과 큰 환호성이 중요합니다.

② 우리 교회 찬양단: 중창단에서 밝은 찬양 1곡을 발표하며, 리더 인터뷰가 있습니다.

③ 교회 소개와 자랑(4~5명, 1분씩): 우리 교회만의 차별화된 자랑거리를 재미있게 소개합니다.

④ 우리 교회 장기자랑(2팀): 교회에서 가장 자랑할 만한, 자신 있게 선보일 수 있는 2팀 준비(콩트, 드라마, 악기, 성대모사, 워십 찬양, 선교회, 찬양대, 청소년 밴드 등)

⑤ 담임목사님과의 만남: 목사님과 진행자의 인터뷰 형식으로 진행됩니다(교회를 이끌어 오신 목사님의 목회 방향과 성도들에게 드리고 싶은 말씀과 소망 등).

⑥ 우리 교회 깜짝 퀴즈: 목사님이 문제를 내주시고 정답을 맞춘 성도에게 선물을 드립니다.

⑦ 마이크를 빌려드립니다: 교회나 선후배, 친구에게(3~4명 정도) 30초 이내에 마쳐야 하는 순서입니다. 시간을 잘 맞추신 분에게 선물을 전하는 시간입니다(사전 연습).

⑧ 우리 교회 4행시: 교회 이름으로 지어보는 4행시입니다 (각 연령대로 네 명 정

도 준비).

⑨ 클로징: 모든 성도들의 찬양 – 성도님들의 일치된 큰 환호성과 박수가 필요합니다.

2단계: 4월, 예수마을 행복 세우는 단계

1) 4월 6일: 중직자 선출

2) 4월 13일: 고난 주간 특별새벽집회

3) 4월 20일: 부활주일 기념 "교구별 찬양경연대회"
   · 주관: 2남전도회
   · 시간: 오후예배 직후
   · 장소: 본당(갈멜산 성전)
   · 사회: 최선○ 집사
   · 대상: 1~12교구, 중고등부, 대학부, 2청년회
   · 심사위원: 정은○ 목사, 2남전도회 임원 1명, 오길○ 장로, 김철○ 집사
   · 심사 규정: 음악성(20점), 복장(20점), 인원(20점), 율동 등 준비성(20점), 반응(20점)
   · 진행 방법
     ① 곡은 찬송가 또는 복음성가에서 자유곡 1곡을 원칙으로 2절까지 허용하되, 2곡을 부를 경우에는 각각 1절씩만을 허용하고 반드시 직접 찬양을 불러야 한다.
     ② 찬양곡은 사전에 복사하여 심사위원의 수대로 각각 제출하여야 한다.
     ③ 참여 인원은 많을수록 좋으며, 참가자 중 새가족이 1명 이상 참가해야 하는 것을 원칙으로 한다. 또 참가한 새가족의 명단을 사전에 심사위원 측에 통보해야만 한다.
     ④ 찬양 순서는 당일 현장에서 제비뽑기로 결정한다.
     ⑤ 교구별 입장은 중앙통로를 이용하며, 퇴장은 피아노 측 또는 오르간 쪽 통로를 이용하되, 입퇴장 시 간단한 이벤트와 구호 제창은 자유로이 한다.
   · 시상: 2남전도회에서 순위에 따른 시상금액을 정하여 담임목사님이 시상한다.

4) 4월 27일: 제2회 당회장배 교구별 윷놀이 대회
 - 주최: 제3남전도회
 - 진행: 박영○ 회장
 - 장소: 스타디움
 - 시간: 오후예배 후 (시작 시간 조율)
 - 오후예배: 참석율을 위해 오후예배를 5층 스타디움에서 드린 후 바로 행사를 진행한다.
 - 심사 위원: 김태○ 목사, 박영○ 회장
 - 경기 심판: 박남○, 이재○, 정형○, 민주○
 - 경기 준비: 마을별 깃발을 미리 스타디움으로 가져와 교구별 좌석 위치에 배정함으로써 교구 좌석을 지정해 준다. 예배 준비를 위해 방송실과 협력하여 미리 준비한다.
 - 준비물: 본부석과 의자, 대진표, 윷 4세트, 윷판 4세트, 말 8세트
 - 시상: 3남전도회에서 순위에 따른 시상 금액을 선정하여 담임목사님이 시상한다.
 - 기타 준비: 각종 다과류
   ① 1~12교구를 3팀씩 4개조로 편성하여 리그전을 동시에 치르고 각 조에서 최종 승리한 4팀이 토너먼트로 준결승을 치르며, 승자 2팀이 최종 결승전을 함으로서 진행을 완료한다.
   ② 대진표는 당일 현장에서 제비뽑기로 정하며, 번호순대로 대진표에 각각 기입하여 조가 결정되고 교구별 응원석을 안쪽부터 각각 지정하여 배치한다.
   ③ 경기는 각각 3판 2선승제로 하고 말은 예선전 3개, 준결승전과 결승전은 각각 4개의 말로 진행한다.

3단계: 5월, 예수마을 행복 누리는 단계

1) 5월 4일: 크게 웃고 대박 나는 전도 집회(자장면 전도왕 박권용 집사 초청)
 - 주관: 축제위원회
 - 섭외: 김태○ 목사
 - 시간: 오후예배 시간

· 진행: 박권용 집사(자장면 전도왕)

· 사례: 축제위원회 재정에서 준비

· 중고등부, 대학부, 청년회: 자체 모임에 강사 초빙

· 준비 내용: 본당 현수막

2) 5월 11일: 고신권사합창단 초청 공연

· 주관: 권사회

· 섭외: 김태○ 목사

· 시간: 오후예배 시간

· 사례: 권사회에서 사례 및 간식 준비

· 준비 내용: 본당 현수막

3) 5월 18일: 성경 골든벨

· 주관: 축제위원회

· 시간: 오후예배 직후

· 장소: 본당(갈멜산 성전)

· 사회: 손 ○ 집사 (보조 진행: 김현○, 우현○)

· 준비물: 방석 60개, 스케치북 60권, 매직 60세트, 마을 표지판

· 범위: 사복음서(마태복음, 마가복음, 누가복음, 요한복음)

· 대상: 1~12교구, 중고등부, 대학부, 2청년회 각 대표 4명

· 문제 출제: 김태○ 목사

· 심사위원장: 정은○ 목사

· 준비 내용: 본당 현수막

· 진행 순서

① "도전! 골든벨" 형식으로 진행

② 마을별 4명씩 총 60명이 강대상 위에 정해진 위치에 앉는다.

③ 교구별로 4열 종대로 강대상 왼쪽에서부터 차례로 앉는다.

④ 문제는 모두 50문제 이내로 하고 오답자는 일어나 퇴장한다.

⑤ 패자부활전, 찬스 사용이 가능하고 마지막 50번 문항을 맞춘 사람과 마을에 1위 시상을 하고 못 맞췄을 경우 1등을 없애고 2등부터 시상한다.
· 시상: 280,000원
　① 1등 1팀: 100,000원
　② 2등 1팀: 70,000원
　③ 3등 1팀: 50,000원
　④ 4등 2팀: 30,000원×2팀=60,000원

4) 5월 25일: 전교인 야외예배(체육대회) - D-day 한 주 전
· 주관: 축제위원회
· 섭외: 김태○ 목사
· 시간: 오전 10시3 0분 집합
· 장소: 양○종합운동장 내 실내체육관
· 진행: 서창하 집사(레크리에이션)
· 사례: 축제위원회재정에서 준비
· 대상: 전교인(유치부, 유초등부, 중고등부, 대학부, 청년회 포함)
· 진행요원: 이재○, 박남○, 권영○, 대학부원, 청년회원
· 진행 준비
　① 사전답사팀이 주일 아침 7시에 현수막과 본부석 천막, 방송 시설을 준비하여 양○실내체육관에 미리 설치한다.
　② 주일 오전 10시 30분까지 양○실내체육관으로 집합한다.
　③ 유치부~중고등부도 자체 예배 없이 10시 30분까지 집합한다.
　④ 식사 및 다과 준비: 교구별 및 교육기관 자체 준비
· 진행 순서
　① 진행순서 (a) 찬양: 오전 10:30~11:00
　　(b) 예배: 오전 11:00~11:30
　　(c) 식사: 오전 11:30~오후 1:00
　　(d) 레크레이션: 오후 1:00~2:00(행운권 추첨 포함)

(e) 전략회의: 오후 2:00~2:40

(f) 전략회의 발표: 오후 2:40~3:30

(g) 통성기도 후 마침: 오후 3:30~3:40

② 진행팀 철수 준비 및 철수, 교구별 차량 탑승: 오후 3:40

4단계: 6월, 예수마을 행복 나누어 주는 단계

1) 6월 1일: 예수마을 행복 축제(D-day)

"1,182명의 새가족을 하늘샘의 VIP로 초대합니다"

· 총지휘: 김태○ 목사

· 시간: 주일낮 2부 예배

· 장소: 본당(갈멜산 성전 - 1,300석)

· 예배 준비

① 진행요원, 안내위원, 마을별 전도팀, 차량부, 기념품 전달요원은 원활한 진행을 위하여 전원 1부 예배를 드린다.

② 예배 후 각 팀원들에게는 7층 식당에서 아침 식사를 제공한다.

③ 모든 진행요원들은 10시 25분까지 자기 위치에서 맡은 활동을 한다.

· 진행요원: 부교역자 전원

· 안내위원

① 1층 로비: 박남○, 김철○, 우경○, 유명○, 정우○

② 2층 에스컬레이터: 박정○, 양경○

③ 2층 로비: 최수○, 이화○, 임원○

④ 2층 내부: 김현○, 우현○, 여수○, 손 ○, 구하○, 남경○, 윤지○, 은선○

⑤ 3층 로비: 조복○, 이영○

⑥ 3층 내부: 홍경○, 변진○, 임원○, 최옥○

· 주차 안내

① ○○중학교 실내외 주차장: 정형○

② 교회 입구 도로변: 백종○, 이용○, 이남○

③ 교회 지하주차장: 민주○, 장선○, 이종○

④ 교회 앞 외부: 이연○, 정성○

- 새가족 등록: 1층 로비 등록접수처(담당: 손 ○ 및 보조요원)
- 기념품 전달 요원: 안수집사 및 권사 전원
- 축제기념품

① 1,000세트를 2층과 3층 뒤편에 각각 미리 준비하여 둔다.

② 예배시간 담임목사님의 진행에 맞추어 선물 전달 시간에 일제히 나누어 주되, 전달원의 포지션을 미리 지정하여 각각의 장소에서 신속하게 전달한다.

2) 6월 8일: 강진구 교수와 함께 하는 감동의 영화예배
- 주관: 축제위원회
- 섭외: 김태○ 목사
- 시간: 오후예배 시간
- 장소: 본당(갈멜산 성전)
- 진행: 고신대학교 강진구 교수
- 영화: 블랙 가스펠
- 사례: 축제위원회에서 사례 및 간식 준비
- 대상: 전교인

기쁜 소식을 전하는 전도자

"주님의 이름을 부르는 사람은 누구든지 구원을 얻으리라"는 말씀이 있지 않습니까? 그러나 믿지 않는 분의 이름을 어떻게 부를 수 있겠습니까? 또 들어보지도 못한 분을 어떻게 믿겠습니까? 말씀을 전해 주는 사람이 없으면 어떻게 들을 수 있겠습니까? 전도자로서 파견받지 않고서 어떻게 전도를 할 수 있겠습니까? "기쁜 소식을 전하는 이들의 발이 얼마나 아름다운가!" 하는 말이 바로 그 말씀입니다(롬 10:13~15).

3) 6월 15일: CCM 가수 초청 찬양 대축제
- 주관: 2청년회, 대학부

- 섭외: 김명○ 목사
- 시간: 오후예배 시간
- 장소: 본당(갈멜산 성전)
- 진행: CCM 가수
- 사례: 2청년회와 대학부에서 사례 및 간식 준비
- 대상: 전교인

시상

총 시상금: 3,260,000원

- 행복 축제 시상: 1,270,000원
    ① 예수마을 행복 축제 입장식: 790,000원
    ② 성경 골든벨:480,000원
- 교구 시상: 1,630,000원
    ① 교구 전도 1등 1팀: 200,000원
    ② 교구 전도 2등 1팀: 150,000원
    ③ 교구 전도 3등 1팀: 130,000원
    ④ 교구 전도 4등 1팀: 100,000원
    ⑤ 교구 전도 목표달성상: 70,000원×15팀=1,050,000원
- 개인 시상: 360,000원
    ①개인 전도 1등 1명: 100,000원(개인 전도 총계 100명 이상 - 롯○상품권)
    ②개인 전도 2등 1명: 80,000원(롯○상품권)
    ③개인 전도 3등 1명: 70,000원(롯○상품권)
    ④개인 전도 4등 1명: 60,000원(롯○상품권)
    ⑤개인 전도 5등 1명: 50,000원(롯○상품권)

8장
해피 전도 축제
(2018년 3월 25일~5월 13일)

1. 해피 전도 축제란?

2018년 3월 25일부터 5월 13일까지 개최된 '해피 전도 축제'는 하늘샘교회에 실제로 출석 가능한 이웃을 대상으로 하는 '목적형 관계 전도'입니다. 하늘샘교회는 1999년 이후로 수많은 기적을 체험한 성장형 교회로서 지금까지의 모든 전도는 '2030 프로젝트'와 연결된 하나의 스토리로 구성되어 있습니다.

2018년의 해피 전도 축제 역시 '누룩 전도 전략'(2015~2019년)의 일환으로 지역사회의 주민들과 연결된 카테고리에서 시작되었습니다. 누룩 전도 전략은 술을 빚거나 빵을 만드는 데 사용하는 누룩의 특성에서 기인한 것으로 발효제인 누룩과 같이 누룩 전도는 지역사회에 선한 영향력을 끼치는 관계성을 모티브로 구현하는 것입니다. 이것은 2014년에 개최된 '예수마을 행복 축제'와도 밀접한 관련이 있습니다.

2014년에 하늘샘교회는 예수마을 행복 축제를 통하여 화명·금곡 지역의 모든 아파트들을 예수님의 영토로 규정하고 '예수마을'이라 선언한 바 있습니다. 이러한 예수마을 행복 축제의 연장선에서 해피 전도 축제는 예수마을에 살고 있는 지역 주민들에게 좋은 소식을 전하는 선한 이웃으로서의 역할을 적극적으로 하려는 것입니다. 그 결과, D-DAY 당일 450명의 새가족이 관계 전도를 통하여 등록하였으며, 이들 대부분은 화명·금곡에서 오랜 기간 생활해 온 예수마을 사람들이었습니다.

요한복음 4장 5~30절에 기록된 수가성 여인과 같이 예수님을 만난 하늘샘 성도들은 한결같이 자신들이 살고 있는 마을로 내려가서 예수님의 말씀을 선포하였으며, 그 말씀을 들은 예수마을 사람들이 예수님을 보려고 하늘샘교회로 향하는 진풍경의 역사가 일어난 것입니다. 그리하여 축제 기간인 8주 동안 1,431명의 등록이 매주 이어졌으며, D-DAY에는 450명의 예수마을 사람들이 예수님을 만나려고 하늘샘교회로 달음박질한 것입니다.

때로는 오기로 한 사람이 연락도 없이 오지 않을 때도 있었으며, 어떤 날에는 오기로 재차 약속한 사람이 집안에 초상이 나서 오지 못하는 경우도 있었습니다. 그래서 하늘샘교회 종들은 산과 길과 들로 나가서 강권하여 데려와야 할 때도 있었으며, 그 과정에서 수모를 겪는 일도 있었습니다. 그러나 이것이 하나님을 주인으로 섬기는 종들의 삶이라는 것을 너무나 잘 알고 있었기 때문에 그것을 감내하는 것을 두려워하지 않았으며, 오히려 이것을 해피 전도 축제라고 불렀습니다.

하나님이 베푸시는 전도 축제에서도 같은 일이 있었으며, 그것은 하나님이 겪는 수모였지만 하나님께서는 인내로서 전도 축제를 성공적으로 인도하셨습니다(누가복음 14장). 하늘샘교회는 지난 1999년부터 2018년까지 전도로 성장하며 달려온 교회입니다. 다른 교회에서 하지 않는 8주 이상의 기간 동안 전도 축제를 이어갔으며, 이것이 성경적 전도의 가르침으로 믿고 순종하였습니다. 그리고 우리 모두는 그 성장의 분명한 증인이 되었습니다.

전도 축제는 기획서가 중요하지만 모든 것은 아닙니다. 그러나 이 기획서는 분명 목적을 잃어버린 목자들에게 중요한 나침반의 역할을 하게 될 것입니다. 이 기획서를 통해 강하고 담대한 신앙으로 승리하는 전도 축제 기획서의 주인공이 되시기 바랍니다.

2. 2018 해피 전도 축제의 기획

해피 전도 축제 계획

1) 명칭: 해피 전도 축제

2) 구호: 찾자! 품자! 맺자!

3) 기간: 3월 25일 ~ 5월 13일(8주, 56일간)

4) 주제 찬송: 찬송가 495장 「익은 곡식 거둘 자가」 개사곡

5) 선포식: 3월 25일(주일) 주일낮 2부 예배 시

6) 목적
   · 모든 성도들에게 전도에 대한 열정을 품도록 한다.
   · 새가족이 교구와 기관에 빠르게 정착할 수 있도록 한다.
   · 새가족에게 행복과 만족과 가족애를 함께 느끼도록 한다.
   · 전도와 새가족 관리를 적극적이고 효과적으로 달성하게 한다.
   · 하나님 나라 확장을 위한 주님의 명령을 수행한다.

해피 전도 축제 조직위원회

- 축제위원장: 정은○ 목사
- 진행위원장: 김현○ 목사
- 실행위원장: 박남○ 장로
- 협력위원회: 손영○, 고재○, 이재○, 양기○, 박남○, 김행○, 이현○, 김치○ 장로
- 기획부: 김현○ 목사, 허지○ 목사, 손 ○, 권영○ 집사
- 실행위원회: 손 ○, 권영○ 집사, 교구장, 권찰장, 남여전도회 회장
- 차량부: 고재○ 장로, 정성○, 류제○, 장선○, 백종○, 박재○, 김종○, 이용○ 집사
- 안내부: 박남○, 김행○ 장로, 오현○ 집사, 구영○, 유명○, 박정○ 권사, 정우○, 이화○, 남경○ 집사
- 찬양부: 다드림찬양단
- 기념품 전달 장소: 2층 본당 내 예배 시간 선물 증정 시간에 즉시 전달
- 기념품 전달 요원: 2청년회, 대학부원

※ 매주 오후예배 후 진행위원장은 실행위원회와 함께 점검 및 기도회를 가진다(장소: 새가족 바나바실).

2018년 교구별 목표 달성 인원

(목표 인원의 60%를 정착 목표로 한다)

교구	편성 인원	목표 인원	정착 인원	교구	편성 인원	목표 인원	정착 인원
1교구		30	10	8교구		30	10
2교구		30	10	9교구		30	10
3교구		30	10	10교구		30	10
4교구		30	10	11교구		30	10
5교구		30	10	12교구		30	10
6교구		30	10	13교구		30	10
7교구		30	10	14교구		30	10
소계		210	70	소계		210	70

중등부		100	60	대학부		100	60
고등부		50	30	청년회		50	30
합계		360	160	합계		360	160
총합계				정착 인원 총계		180명	

① 교구 전도 목표: 420명, 정착 목표: 180명
② 중·고·대·청년회 전도 목표: 300명, 정착 목표: 180명
③ 교구+중·고·대·청 총 전도 목표: 720명, 정착 목표: 360명
④ 해피 전도 축제는 ○○교회 44주년을 맞이하여 장년 2천 명 성도와 교육기관 1천 명 성도를 목표로 하는 목회 비전을 이루는 원년으로 삼는다.

해피 전도 축제 10대 기도 제목

· 우리에게 전도하지 않고는 견딜 수 없는 간절함을 주옵소서!
· 우리 교회 새 성전 시대와 함께 전도를 통해 부흥도 함께 이루어지게 하옵소서!
· 중직자들이 복음의 사명에 앞장서게 하옵소서!
· 해피 전도 축제 기간 동안 불평불만 그리고 부정적인 생각들이 틈타지 못하게 하셔서 오직 주님의 교회를 위하여 일편단심 전도하게 하옵소서!
· 우리 교회 빈자리에 대하여 공동 책임을 지고 마음 아프게 생각하며 빈자리를 내가 채우겠다는 각오로 전도하게 하옵소서!
· 전도의 열외, 예외자가 되려는 악한 마음을 단연코 버리게 하옵소서!
· 전도 축제를 통하여 반드시 열매와 결실을 맺게 하옵소서!
· 다른 사람이 아닌 나와 우리가 겨자씨가 되어 많은 열매를 맺게 하옵소서!
· 전도 축제 기간 사탄이 틈타 전도를 약화시키거나 질병과 각종 문제가 발생하여 추진을 어렵게 만드는 일이 없도록 성령님께서 인도하여 주옵소서!
· 2018년의 전도 축제 기간 동안 우리 교회에 반드시 정착하는 성도를 주시옵고 그분들과 함께 새 성전의 자리를 채울 수 있도록 축복하여 주옵소서!

해피 전도 축제 대상자 선정

· 해피 전도 축제는 교회 출석 가능한 모든 사람을 대상으로 하는 관계 전도입니다. 전도 대상자는 자신의 가장 친한 친구, 이웃, 직장동료 등 누구든지 가능하며, 특별히 이번 전도 축제에 꼭 결신이 되기를 소원하는 사람 가운데 본 교회에 출석이 가능한 사람을 위주로 합니다.

· 전도 대상자 선정
　① 불신 가족 및 친인척 ② 믿다가 낙심한 자
　③ 이웃 사람(반상회원) ④ 한 번이라도 교회에 나왔던 사람
　⑤ 주일학교 출신자 ⑥ 집주인과 세입자
　⑦ 직장 및 사업 동료들 ⑧ 친구, 동창생, 선후배, 고향 사람
　⑨ 배달원(우유, 신문 등) ⑩ 외판원(화장품, 미용사원, 보험)
　⑪ 자모회, 학부모회 ⑫ 단골손님
　⑬ 학교, 학원, 유치원 교사 ⑭ 기타 정착 가능한 모든 사람들

해피 전도 축제 3단계

1단계(3월): 찾는 단계
2단계(4월): 품는 단계
3단계(5월): 맺는 단계

단계별 계획

찾자!	3월	18일	해피 전도 축제 홍보물 제작 및 게시, 교구장 및 권찰 설명회(오후예배: 호렙산 성전)
	3월	25일	교구별 새생명 전도 선포식, 전도 목표 발표, 전도 대상자 작정 카드 배부
품자!	4월	1일	고난주간 특별새벽집회(3/26~4/1), 정사예배(3/30), 교구별 새벽집회 출석 카드 작성
	4월	1일	부활주일 교구별 총 출석 주일, 교구별 찬양경연대회, 해피 전도 4행시
	4월	11일	부활주일 전도 전략 세미나(김인심 집사, 하나님품전도훈련원)
	4월	22일	영화예배「창끝」
	4월	29일	찬양 사역자 임선주 집사 초청 간증 집회
맺자!	5월	6일	3대 통합예배
	5월	13일	태신자 총동원 주일(D-day)
	5월	20일	총 결산 및 시상
	5월	27일	새가족 환영 축제

해피 전도 선포식

선서 대표: 고재○ 장로(행사위원장)

해피 전도 선서
 - 우리는 복음 전도가 신앙인의 가장 귀한 사명이며 생명을 구하는 일이라 믿기에 다음과 같이 다짐합니다.

하나. 새생명 전도가 제일의 사명임을 믿습니다.
하나. 아버지의 마음으로 새생명을 꼭 작정하겠습니다.
하나. 새생명을 위하여 매일 기도하겠습니다.
하나. 새생명을 위한 모든 프로그램에 적극 참여하겠습니다.
하나. 새생명을 구원할 때까지 절대로 포기하지 않겠습니다.

3. 해피 전도 축제의 세부 계획

1단계: 3월, 찾는 단계

1) 해피 전도 축제 준비 단계

NO	내용	담당	비고
1	축제 핸드북 제작, 현수막 2개 제작	권영○ 집사	손 ○ 집사
2	축제 기도 제목 책갈피 제작(500개)	권영○ 집사	
3	축제 초청장, 전도 작정자 카드 제작(3,000장)	권영○ 집사	
4	교구별 전도 현황판 제작	권영○ 집사	
5	주일 오전예배 시에 전도 동영상 상영	권영○ 집사	허지○ 목사
6	축제 기간 교구별 주간 성장 보고서 별도 편집 배포	허지○ 목사	손 ○ 집사
7	해피 전도 축제 기획설명회	정은○ 목사	김현○, 허지○ 목사

2) 해피 전도 축제 선포식(3월 25일)

- 3월 24일(토)에 축제 현수막을 본당과 외부에 게시하여 축제 선포를 알리고, 핸드북과 책갈피, 전도 작정자 카드를 주보에 삽지하는 작업을 완료
- 주일 낮 2부 예배 시 담임목사님이 '해피 전도 축제' 기획 프로그램을 전 교인에게 설명하고 축제 개회를 선포
- 예배 시 배포용 축제「핸드북」과 '기도 책갈피'와 '전도 대상자 작정 카드'를 주보와 함께 삽지로 넣어 전 교인에게 배부
- 주일 오후예배 후 지정된 장소에서 교구별 전도 전략회의를 매주 실시하여 상황을 보고서에 정확하게 기재

교구	모임 장소	교구	모임 장소	교구	모임 장소
1	성가대석	5	2층 로비 앞 소그룹실	9	3층 성가대 연습실
2	2층 본당 강대상 맨 뒤	6	3층 유아실	10	1층 새가족1실
3	2층 본당 오르간 뒤	7	3층 본당 유아실 앞	11	1층 새가족2실
4	1층 기도실1실	8	3층 본당 방송실 앞	12	1층 호렙산성전

2단계: 4월, 품는 단계

1) 해피 전도 전략 세미나(4월 1일)
    · 섭외: 김현○ 목사
    · 시간: 주일 오후예배 전도회 헌신예배(강사 사례: 전도회)
    · 강사: 김인○ 집사
    · 준비 내용: 본당 게시용 현수막(축제위원회 재정)

2) 교구별 매주 통계 주보 게재: 전도 작정자 통계, 등록자 통계

3) 고난주일, 고난주간 전교인 특별새벽기도회(3월 26일~4월 1일)
    · 교구별·구역별 새벽기도회 전화 한 통하기
    · 기존 교인 주일 결석 방지 캠페인: 교구별·구역별 전화하기

4) 부활주일, 총 전도 결석 없는 주일(4월 1일)
    · 교구 편성 기존 교인 출석 100% 운동
    · 전도 대상자 작정 카드 1차 제출 기간

5) 부활주일 기념 교구별 찬양경연대회(4월 1일)
    · 주관: 여전도회연합회
    · 시간: 부활주일 오후예배 2부순서
    · 장소: 갈멜산 본당
    · 사회: 허지○ 목사
    · 대상: 1~14교구, 중고등부, 대학부, 2청년회
    · 심사위원: 정은○ 목사, 김철○ 집사, 김경○ 집사
    · 심사 규정: 음악성(20점), 복장(20점), 인원(20점), 율동 등 준비성(20점), 반응(20점)
    · 진행 방법: (준비 내용: 본당 게시용 현수막)
        ① 곡은 찬송가 또는 복음성가에서 자유곡 1곡을 원칙으로 2절까지 허용하되, 2곡

을 부를 경우 각각 1절씩만을 허용한다. 또 반드시 직접 찬양을 불러야 한다.

② 찬양곡은 사전에 복사하여 심사위원의 수대로 각각 제출해야 한다.

③ 참여 인원은 많을수록 좋고 참가자 중에 새가족이 1명 이상 참가하는 것을 원칙으로 하되, 참가한 새가족의 명단을 사전에 심사위원 측에 통보해야 한다.

④ 찬양 순서는 당일 현장에서 1~15번을 제비뽑기를 통해서 하며, 번호순대로 찬양팀이 나와서 진행한다.

⑤ 교구별 입장은 중앙통로를 이용하며, 퇴장은 피아노 측 또는 오르간 쪽 통로를 이용하되 입·퇴장 시 간단한 이벤트와 구호 제창은 자유로이 한다.

· 시상: 여전도회에서 순위에 따른 시상 금액을 선정하여 담임목사님이 시상한다.

6) 전 교인이 함께하는 영화예배(4월 22일)

· 주관: 축제위원회
· 섭외: 김현○ 목사, 권영○ 집사
· 시간: 주일 오후예배 시간
· 장소: 갈멜산성전(본당)
· 진행: 김현○ 목사
· 영화: 「창끝」
· 영화 간식: 축제위원회에서 팝콘 간식 준비
· 대상: 전교인

7) 실행위원회: 축제 기념품 최종 선정 및 주문 확정(4월 22일)

· 전도 대상자 작정 카드 2차 제출 기간: 작정 카드 마감 및 집계
· 교구별 전도 대상자 작정 카드 통계 및 실제 등록 통계 주보 게재

8) 찬양 사역자 임선주 초청 간증 집회(4월 29일)

· 섭외: 김현○ 목사
· 시간: 주일 오후예배 전도회 헌신예배(강사 사례: 전도회)
· 강사: 임선주 집사(거리찬양 사역자, 포항동부교회)

· 준비 내용: 본당 게시용 현수막(축제위원회 재정)

3단계: 5월, 맺는 단계

1) 어린이주일, 3대 가족 통합예배(5월 6일): 교육위원회
    · 교육위원회: 유치부~대학부까지 기념품 전달(200세트)
    · 교구별 전도 전략 성과 최종 점검 회의: D-DAY 교구별 최종 예상 인원 확정
    · 축제 기념품 준비 완료

2) 해피 전도 축제 총동원 주일(5월 20일)
   "한 사람이 다섯 명을 품고 세 명을 인도한다"
    · 총지휘: 김현○ 목사
    · 시간: 주일낮 예배 2부
    · 장소: 갈멜산대성전(1,300석)
    · 예배 준비
        ① 진행요원, 안내위원, 교구 · 기관 전도팀, 차량부, 기념품 전달요원은 원활한 진행을 위하여 전원 1부 예배를 드린다.
        ② 예배 후 각 팀원들에게는 7층 식당에서 아침 식사를 제공한다.
        ③ 모든 진행요원들은 10시 25분까지 자기 위치에서 맡은 활동을 한다.
    · 진행요원: 부교역자 전원
    · 안내위원
        ① 1층 로비: 박남○, 오현○, 정우○, 이화○
        ② 2층 에스컬레이터: 박정○, 이인○
        ③ 2층 로비: 남경○, 은선○
        ④ 2층 내부: 여수○, 박은○, 구영○, 윤지○
        ⑤ 3층 로비: 조복○, 윤영○
        ⑥ 3층 내부: 허지○, 이범○, 박주○

· 주차 안내

　① ○○중학교 실내외주차장: 김수○, 최인○

　② 교회 입구 도로변: 백종○, 이용○, 박재○

　③ 교회 지하주차장: 류제○, 김종○

　④ 교회 앞 외부: 정성○

· 새가족 등록: 1층 로비 등록접수처 손 ○, 준비 및 설치작업: 손 ○

· 기념품 전달요원: 2청년회, 대학부원 전원

· 축제 기념품

　① 1,000세트를 2층과 3층 뒷편에 각각 미리 준비하여 둔다.

　② 예배 시간 담임목사님의 진행에 맞추어 선물 전달 시간에 일제히 나누어 주되, 전달원의 포지션을 미리 지정하여 각각의 장소에서 신속하게 전달한다.

3) 해피 전도 축제 시상식: 1,530,000원(5월 20일)

　· 교구 시상: 1,170,000원

　　① 교구전도 1등 1팀: 300,000원

　　② 교구전도 2등 1팀: 200,000원

　　③ 교구전도 3등 1팀: 100,000원

　　④ 교구전도 4등 1팀: 70,000원

　　⑤ 교구전도 목표달성상: 50,000원X10팀=500,000원

　· 개인 시상: 360,000원

　　① 개인전도 1등 1명: 100,000원(개인전도 총계 100명 이상, 롯○상품권)

　　② 개인전도 2등 1명: 80,000원(롯○상품권)

　　③ 개인전도 3등 1명: 70,000원(롯○상품권)

　　④ 개인전도 4등 1명: 60,000원(롯○상품권)

　　⑤ 개인전도 5등 1명: 50,000원(롯○상품권)

　· 새가족 환영 축제(5월 27일): "크로스&백합 트윈 콘서트"

　　① 주관: 새가족위원회

　　② 섭외: 김현○ 목사

③ 시간: 주일 오후예배 새가족 환영 축제

④ 준비 내용: 본당 게시용 현수막, 새가족 기념품, 코르사주(새가족위원회 재정)

※새가족 양육: 김현○ 목사, 허지○ 목사(5월 13일~6월 17일)

① "신앙의 길잡이 &징검다리" 과정 참여 전원 유도

② 교구와 기관 편성 관리(등반 이상 필수 관리)

③ 교역자 심방 관리

예산 편성

수입부		지출부	
내역	금액	내역	금액
전도 축제 행사 지원비		전도 축제 본당 현수막 2개 전도 축제 소예배실 현수막 1개	
		전도 축제 초청장 3,000장 전도 축제 홍보지 4,000장 책갈피 기도 제목 500장	
		축제위원회 주관 행사 현수막 3개	
		전도 전략 세미나 강사 사례비	
		핸드북 제작	
		전도 축제 행사 홍보판 2개 (엘리베이터 내)	
		축제 기념품 20,000원X600개	
		축제위원회 행정 비품 및 사무비	
		시상비	
		예비비	
총계		총계	

 전체 문서양식 다운로드